WORDSEARCH

OVER 130 PUZZLES TO SOLVE

hinkler

Published by Hinkler Books Pty Ltd
45–55 Fairchild Street
Heatherton Victoria 3202 Australia
www.hinkler.com

Cover design: Bianca Zuccolo
Internal design: Hinkler Design Studio
Prepress: Splitting Image
Puzzles © Clarity Media, 2018
Design © Hinkler Books Pty Ltd 2019
Images © Shutterstock.com

ISBN: 978 1 4889 4188 7

Printed and bound in China

How to Solve

If you're not familiar with WORDSEARCH puzzles, here are some tips for how to solve them.

The goal is to find all the words from the word list and mark them off in the grid of letters. Keep in mind that the words may appear forward or backward, in variously a horizontal, vertical, or diagonal direction in the grid.

Once you've found one of the words from the word list in the grid, you may want to put a line through this word in the list, so that you don't accidentally search for it again. Keep working through the word list until all the words have been found.

These books are in US English, so you can use the Merriam Webster Dictionary for help, which can be found in stores or online at www.merriam-webster.com.

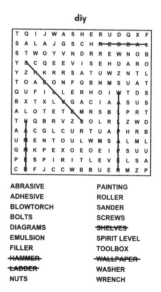

diy

ABRASIVE
ADHESIVE
BLOWTORCH
BOLTS
DIAGRAMS
EMULSION
FILLER
HAMMER
LADDER
NUTS

PAINTING
ROLLER
SANDER
SCREWS
SHELVES
SPIRIT LEVEL
TOOLBOX
WALLPAPER
WASHER
WRENCH

SOLVING TIPS

If you are used to UK, Canadian, or Australian English, look out for the following conversions to US English:

- "-ise" becomes "-ize"
  E.g. realize and digitize

- "-our" becomes "-or"
  E.g. humor, neighbor, and favorite

- "-re" becomes "-er"
  E.g. theater and fiber

- "-ll" becomes "-l"
  E.g. counselor and traveling

- "-ce" becomes "-se"
  E.g. defensive and license

- "-s" becomes "-z"
  E.g. cozy and analyze

- "-gue" becomes "-g"
  E.g. catalog and analog

If you're unsure, you can always refer to the Merriam-Webster Dictionary.

Happy solving!

Puzzles

```
B  K  R  T  I  N  I  G  R  X  W  O  R  M  R
E  R  J  X  N  N  O  G  O  L  N  E  I  A  E
E  O  V  R  E  E  A  T  R  M  B  C  O  T  D
U  N  I  X  T  E  Y  J  T  O  U  E  H  E  L
Y  Z  R  T  W  I  N  D  O  W  S  O  L  T  O
U  L  U  M  O  N  I  T  O  R  P  E  B  Y  F
R  F  S  P  R  I  T  E  L  U  T  T  I  B  J
I  N  K  P  K  M  W  Z  B  E  I  U  P  A  S
R  O  S  R  U  C  O  I  A  X  L  T  N  G  P
S  J  O  O  I  K  P  D  R  A  O  B  Y  E  K
A  S  E  K  R  G  C  R  E  S  G  K  N  M  O
N  V  S  Z  M  D  N  A  M  M  O  C  F  S  P
N  T  H  E  N  I  E  S  B  X  F  W  U  W  T
Q  L  P  V  I  W  T  B  F  R  F  V  R  K  T
S  L  A  U  T  D  G  N  A  L  O  Z  U  E  Y
```

BACKUP	MONITOR
COMMAND	NETWORK
CURSOR	REBOOT
DELETE	SPRITE
FOLDER	TOOLBAR
KEYBOARD	TROJAN
LOG OFF	UNIX
LOG ON	VIRUS
MEGABYTE	WINDOWS
MODEM	WORM

2 WORDSEARCH

```
X  Q  E  S  M  I  E  Q  M  F  X  O  I  G  A
P  A  D  G  L  N  V  M  M  Q  J  U  B  B  Q
F  L  T  L  F  P  C  T  O  B  T  T  A  R  V
Z  P  H  I  F  E  D  B  Y  H  I  J  N  A  I
F  I  A  V  R  A  K  E  L  I  A  T  G  I  P
A  I  J  K  I  P  P  E  O  F  L  W  S  D  O
T  P  F  E  B  P  C  H  O  P  P  Y  K  S  N
O  T  O  Q  U  S  O  I  Y  Q  T  A  J  E  Y
N  O  N  G  I  H  C  V  P  W  B  L  Q  F  T
K  D  L  A  Y  E  R  E  D  O  K  M  C  U  A
P  A  M  E  F  F  B  J  B  S  I  U  C  O  I
O  N  T  O  R  F  A  C  T  P  E  L  A  A  L
T  G  S  O  A  T  U  V  R  T  W  L  X  R  S
W  O  F  L  A  T  T  O  P  O  E  E  R  Z  H
I  E  W  S  R  K  N  U  B  G  P  T  A  E  T
```

AFRO	CROP
BANGS	FLATTOP
BEEHIVE	LAYERED
BOB CUT	MOHAWK
BOUFFANT	MULLET
BOWL CUT	ODANGO
BRAIDS	PIGTAIL
BUN	PLAIT
CHIGNON	PONYTAIL
CHOPPY	TOPKNOT

```
W H E E L J A C K T E X V T S
I O Z V V G X U O I S J L L G
W U F S A D P I T B E S A T A
U N S K Y W A R P U T O U A O
P D Q Z S I D O C L I S T A F
R T W P O P T N A L V I L P A
O E E Y R T R H U D J H G O L
W H E E L I E I I O B V K P R
L C K R D O I D N G S R A R A
P T S I S H D E J G A P D M B
F A R F N O R T A G E M I N L
A R P Y A T R I Z C A R C E E
R E A K F R U R Z U A S B W Z
O E P S I O L C O G M A N K U
S E C Q E D B O E U R M I P O
```

ARCEE	MIRAGE
BLURR	PROWL
BULLDOG	RATCHET
COGMAN	SKYFIRE
HOT ROD	SKYWARP
HOUND	SOUNDWAVE
IRONHIDE	SPRINGER
JAZZ	SQWEEKS
KUP	WHEELIE
MEGATRON	WHEELJACK

4 WORDSEARCH

```
A  F  T  R  O  H  I  E  Y  I  P  W  A  R  O
Y  E  G  G  O  C  T  O  P  R  A  R  Y  I  K
O  G  M  E  H  L  P  I  N  K  A  H  V  U  Q
G  N  J  E  I  I  U  W  B  E  A  L  P  I  I
R  A  R  S  R  L  R  E  D  L  Q  U  W  P  S
A  R  U  O  C  A  P  A  U  B  U  R  N  K  S
Y  O  O  J  V  C  L  S  I  I  A  T  D  R  H
S  T  I  D  J  I  E  D  S  L  A  R  S  I  X
C  I  Q  U  Z  S  C  T  R  B  O  T  S  B  M
Y  D  H  A  R  O  B  L  U  E  W  N  A  I  C
A  P  R  I  C  O  T  W  A  I  L  T  G  O  A
N  I  C  O  K  A  U  M  A  G  E  N  T  A  R
N  U  N  P  I  C  B  W  R  E  M  S  Y  Y  M
H  U  D  R  J  E  R  I  Z  A  O  M  O  I  A
T  A  W  P  R  J  Y  H  J  T  N  J  O  Q  L
```

ALIZARIN	EMERALD
AMBER	GRAY
APRICOT	LEMON
AQUA	LILAC
AUBURN	MAGENTA
BEIGE	MAGNOLIA
BLUE	ORANGE
CHERRY	PINK
COCONUT	PURPLE
CYAN	RED

```
O  P  C  O  L  N  R  R  F  S  U  G  A  R  S
T  S  S  L  K  D  E  I  F  I  T  R  O  F  D
L  L  W  O  O  X  U  I  C  A  T  S  M  P  L
S  G  R  W  C  A  L  O  R  I  E  S  A  U  V
E  R  J  F  L  W  L  L  F  A  T  F  R  E  E
G  F  L  A  V  O  R  I  N  G  S  L  R  P  H
A  X  L  T  R  F  C  G  A  B  E  I  A  R  J
R  E  E  I  C  I  Y  H  U  X  L  L  I  O  A
O  A  N  J  A  B  O  T  S  S  L  B  T  T  K
T  G  C  L  L  E  R  O  F  E  B  T  S  E  B
S  J  Y  I  C  R  D  Z  R  A  Y  P  I  I  P
L  R  T  B  I  I  D  G  V  N  D  Y  O  N  E
N  A  O  W  U  S  E  B  Y  D  A  T  E  I  P
E  O  Y  M  M  N  U  T  R  I  T  I  O  N  R
H  Y  D  R  O  G  E  N  A  T  E  D  T  P  F
```

ALLERGEN	HYDROGENATED
ARTIFICIAL	LIGHT
BEST BEFORE	LOW FAT
CALCIUM	NUTRITION
CALORIES	PROTEIN
COLORINGS	SELL-BY DATE
FAT FREE	SODIUM
FIBER	STORAGE
FLAVORINGS	SUGARS
FORTIFIED	USE-BY DATE

6 WORDSEARCH

C	H	T	U	W	O	T	N	E	Y	R	P	O	R	Y
O	L	L	V	H	B	R	E	D	T	A	I	L	E	D
M	K	A	T	I	U	C	R	X	R	E	S	L	H	S
M	B	R	A	T	F	O	H	A	E	R	L	G	I	O
O	J	G	W	E	F	M	M	L	E	O	E	Y	L	R
N	Z	E	N	T	T	M	N	L	W	S	N	P	L	E
M	F	G	Y	A	A	O	S	F	D	W	D	S	C	T
A	F	A	M	I	I	N	A	L	C	U	E	Y	U	T
S	H	R	I	L	L	C	A	R	D	E	R	C	C	U
O	P	D	N	E	E	A	I	V	Y	I	M	U	K	C
N	T	E	I	D	D	R	H	P	P	E	I	C	O	F
S	E	N	N	R	E	D	M	A	S	O	N	K	O	A
H	U	O	G	R	H	E	A	T	H	L	I	O	Q	E
M	O	S	S	C	A	R	D	E	R	O	N	O	H	L
I	J	E	E	B	E	L	B	M	U	B	G	U	S	S

BUFF-TAILED

BUMBLEBEE

COMMON CARDER

COMMON MASON

GYPSY CUCKOO

HEATH

HILL CUCKOO

HONEY

IVY

LARGE GARDEN

LEAF-CUTTER

MOSS CARDER

RED MASON

RED-TAILED

SHRILL CARDER

SLENDER MINING

TAWNY MINING

TREE

WHITE-TAILED

YELLOW-FACED

K	L	G	U	U	A	L	M	S	S	H	A	U	W	C
A	N	P	B	I	S	Q	F	F	B	N	X	A	Z	D
P	F	L	A	K	C	I	T	F	A	S	P	H	S	O
P	P	E	H	C	A	E	L	B	R	P	T	U	G	V
R	Q	G	S	S	N	T	T	G	A	L	C	I	J	Y
N	F	I	C	W	Y	R	W	A	G	I	E	G	U	W
L	V	O	C	O	O	K	I	E	K	N	R	S	O	U
D	R	N	P	F	N	I	R	I	L	T	I	A	D	M
Q	L	R	E	M	M	U	S	G	U	V	D	R	D	P
Y	I	E	N	O	R	A	T	H	R	R	E	E	P	F
Y	R	W	C	T	E	I	R	T	I	P	L	N	A	S
R	U	O	I	E	T	K	A	H	E	K	Z	N	T	P
D	U	L	L	C	N	I	I	N	V	R	Z	U	R	V
S	N	F	G	N	I	R	T	S	N	R	U	R	O	U
Z	F	A	U	O	W	P	I	N	P	C	P	E	L	A

BLEACH	PUZZLE
CANYON	REPENT
COOKIE	RUNNER
DIRECT	SPLINT
EIGHTH	SPRING
FIASCO	STRAIT
FLOWER	STRING
LEGION	SUMMER
PATROL	TWELVE
PENCIL	WINTER

8 WORDSEARCH

```
W N W W S G Y M A Y R P N M R
U X A P J R R S P S C A R E D
D T T P R I Y T H Z J N I S Z
O I T C S O P M N O E I A N T
Y W M R L V M N E S C C S E V
B O V I S V U B R H O K N T L
Y R E T T I J Q V A W Y E R E
K R F T A S P O O K E D R D L
I I R I R A J R U I R A V A L
T E A M T F W U S N I U Y P U
A D N O L D H E Y G N N J G U
R V T R E M B L I N G T X W F
N T I O D E L U F R A E F T Z
T U C U N E A S Y E P D H X S
M A R S O Q R F R I E R R M L
```

COWERING	SHAKING
DAUNTED	SHOCKED
FEARFUL	SPOOKED
FRANTIC	STARTLED
JITTERY	TENSE
JUMPY	TIMID
NERVOUS	TIMOROUS
NERVY	TREMBLING
PANICKY	UNEASY
SCARED	WORRIED

```
C  X  V  U  A  R  E  T  S  T  A  D  I  U  S
E  H  K  A  M  O  R  E  T  U  S  Z  X  P  U
T  A  W  R  D  I  I  J  A  I  T  K  E  N  I
S  R  H  I  R  S  U  I  T  E  M  A  I  B  N
T  A  H  S  A  H  U  M  B  O  L  D  T  A  I
L  T  O  T  C  L  I  N  T  S  S  N  U  I  L
G  C  T  A  I  S  E  L  E  U  C  U  S  L  P
Z  L  Z  R  P  B  E  I  P  R  R  V  U  L  N
L  A  V  C  R  H  E  I  T  A  G  C  I  Y  G
N  V  A  H  P  T  A  H  S  N  D  N  V  S  K
A  I  S  U  I  N  G  E  T  A  B  L  A  Q  Y
R  U  S  S  E  L  L  Y  H  U  E  O  T  L  C
A  S  J  Q  L  D  C  J  A  N  S  S  E  N  K
N  U  T  A  A  H  S  A  T  Y  V  Y  P  R  B
U  L  R  I  O  U  T  U  B  R  R  A  P  G  E
```

AITKEN	PETAVIUS
ALBATEGNIUS	PICARD
ARISTARCHUS	PITATUS
BAILLY	PLINIUS
CLAVIUS	RHEITA
HUMBOLDT	RUSSELL
JANSSEN	SELEUCUS
LANGRENUS	STADIUS
METIUS	THEBIT
MORETUS	TYCHO

10 WORDSEARCH

L	E	F	T	K	U	A	O	D	F	C	V	Y	Q	J
A	N	B	A	C	T	R	W	N	I	I	T	T	P	U
M	A	G	U	I	R	E	O	Y	S	I	A	D	W	X
T	V	S	P	N	S	P	L	U	H	C	R	W	X	S
N	I	N	T	H	O	I	T	E	Q	U	P	T	K
U	B	M	E	Y	E	R	N	E	R	U	L	Z	E	T
T	S	G	P	W	P	P	N	J	A	Y	G	J	O	Z
T	G	B	L	J	Y	U	A	F	S	M	M	O	T	C
O	N	S	U	A	W	O	M	W	S	M	J	R	Y	U
N	O	V	E	L	O	I	R	P	A	C	I	D	O	U
P	A	M	M	Y	S	U	H	K	P	T	U	A	L	U
V	B	A	L	L	E	T	U	I	O	S	N	N	A	A
F	G	N	A	G	I	L	L	U	M	J	N	N	Q	L
B	T	I	U	W	N	J	W	V	M	R	Q	T	G	I
O	L	N	S	L	T	G	E	O	R	G	E	S	I	H

BALLET	**MULLIGAN**
DAISY	**MYRTLE**
DICAPRIO	**NEW YORK**
FISHER	**NICK**
GEORGE	**NOVEL**
JAY	**OPERA**
JORDAN	**OWL EYES**
LUHRMANN	**PAMMY**
MAGUIRE	**TOM**
MEYER	**WEST EGG**

```
T  I  B  E  A  I  O  A  P  L  E  U  U  A  M
P  F  L  A  V  I  O  T  G  C  R  F  G  A  P
T  T  E  L  T  V  D  K  E  W  S  T  L  A  L
Q  P  J  M  L  H  R  D  A  M  O  L  Q  O  C
M  Z  A  I  S  O  V  U  Z  A  D  Y  T  O  I
F  L  O  R  I  N  D  O  A  E  U  A  Q  O  R
A  D  F  A  T  R  R  N  E  C  R  N  V  S  S
S  E  M  E  L  E  I  A  N  I  C  L  A  I  R
G  I  U  S  T  I  N  O  O  N  R  E  Y  R  O
K  D  S  I  L  L  A  O  I  E  I  K  A  U  D
S  A  M  S  O  N  L  W  P  R  T  L  W  N  N
E  M  C  M  E  V  D  B  I  E  Z  S  N  C  A
D  I  L  Y  S  T  O  A  C  B  E  T  E  U  L
S  A  Z  S  E  Z  I  O  S  G  C  U  K  R  R
Z  M  E  O  T  E  A  R  R  O  D  R  I  G  O
```

ADMETO	ORESTE
ALCINA	ORLANDO
ALMIRA	PARTENOPE
BERENICE	RINALDO
DEIDAMIA	RODRIGO
EZIO	SAMSON
FLAVIO	SCIPIONE
FLORINDO	SEMELE
GIUSTINO	SILLA
LOTARIO	TESEO

```
A E P O E P T R E O W R L L T
C A B A N G B A N G V L F H W
T H G I R L A E B B D M E U P
G T I N I V O L D A O W Z S S
O H L O O B E M Y B A B Y A B
X N A R O S M D I Y E E T L I
B R E A K F R E E I J R C L M
F R U L E E H A N D S O N M E
S A N T A T E L L M E D O Y L
T I R M R S I S Q U A A N L B
I R I S B L T S N O P Q A O O
S N V S W H Y T R Y R O I V R
E D I S O T E D I S B O P E P
L L D E K A T S I M T S E B T
D S L R I G H T T H E R E P T
```

ADORE

ALL MY LOVE

BABY I

BANG BANG

BE ALRIGHT

BE MY BABY

BEST MISTAKE

BREAK FREE

DAYDREAMIN'

HANDS ON ME

LOVIN' IT

ONE LAST TIME

PIANO

POPULAR SONG

PROBLEM

RIGHT THERE

SANTA TELL ME

SIDE TO SIDE

THE WAY

WHY TRY

F	H	E	S	A	R	B	A	B	I	E	S	Z	T	L
C	P	T	C	O	P	T	E	E	T	H	K	I	M	R
J	O	E	S	H	O	P	P	I	N	G	L	V	U	S
S	L	O	O	H	C	S	D	N	Y	R	E	Q	S	U
M	Z	F	R	P	W	A	N	G	E	L	S	T	L	S
R	O	U	E	Z	L	U	S	L	N	V	T	S	A	R
T	M	Z	G	W	Y	E	L	A	E	I	M	H	M	R
Y	B	X	A	V	S	U	F	T	J	X	L	U	I	S
D	I	V	I	H	O	U	S	E	S	S	Z	L	N	H
E	E	N	R	U	N	N	I	N	G	Z	Q	O	A	R
T	S	D	R	I	V	I	N	G	A	N	U	V	V	F
O	C	E	A	N	I	R	S	I	Q	U	I	E	N	O
E	X	A	M	S	T	A	Y	S	S	U	O	Y	S	O
B	S	L	B	A	C	T	X	E	R	S	R	A	L	D
L	E	O	Y	R	T	B	Z	P	N	G	V	O	G	F

ANGELS

ANIMALS

BABIES

BEING LATE

DRIVING

EXAMS

FALLING

FLYING

FOOD

HOUSES

LOVE

MARRIAGE

OCEAN

PEOPLE

RUNNING

SCHOOL

SHOPPING

TEETH

TIDAL WAVE

ZOMBIES

14 WORDSEARCH

```
I  C  H  I  N  C  H  I  L  L  A  Q  K  I  O
B  Y  T  N  O  H  T  Y  P  J  A  O  R  S  B
S  P  G  I  G  I  P  O  R  C  I  M  S  U  E
I  P  G  L  A  B  R  A  D  O  R  T  A  T  T
O  U  T  O  R  T  O  I  S  E  S  I  A  B  E
S  G  O  L  D  F  I  S  H  X  C  A  S  M  H
A  R  I  H  D  O  A  A  P  E  W  C  O  L  E
M  L  S  R  E  T  S  M  A  H  D  U  C  K  P
T  I  R  A  D  B  U  P  R  A  S  O  T  S  I
S  B  O  T  R  T  E  R  R  E  F  S  S  T  A
Y  R  A  N  A  C  A  I  O  T  E  A  S  S  S
A  E  O  O  E  B  S  C  T  K  R  X  H  A  L
J  G  U  J  B  O  D  X  S  X  T  W  G  O  R
F  P  B  I  L  E  P  H  S  W  R  D  S  W  X
E  P  T  W  E  N  A  O  Y  K  R  B  L  A  R
```

BEARDED DRAGON

CANARY

CAT

CHINCHILLA

DUCK

FERRET

GERBIL

GOLDFISH

GUPPY

HAMSTER

KOI

LABRADOR

MICROPIG

MOUSE

NEWT

PARROT

PYTHON

RABBIT

RAT

TORTOISE

```
J  E  A  C  V  V  A  B  D  W  S  S  V  U  I
I  H  S  N  O  O  Z  E  U  R  L  R  W  T  I
U  T  U  R  R  Z  I  A  V  V  I  I  I  R  S
U  E  L  R  B  G  Y  N  E  I  P  E  K  T  M
V  U  C  A  S  N  C  B  T  D  P  Y  Q  A  P
H  O  U  N  A  I  O  A  H  E  E  C  S  K  E
W  K  D  E  B  T  M  G  R  O  R  A  L  E  T
X  O  D  S  M  T  P  S  O  G  S  N  E  O  G
L  U  L  A  O  A  U  N  A  A  J  D  E  U  O
F  A  E  L  V  H  T  A  O  M  R  Y  P  T  A
T  J  Y  S  I  C  E  C  R  E  A  M  U  V  Y
P  J  X  N  E  P  R  K  E  O  H  J  B  E  T
Y  Z  R  C  M  T  T  S  E  R  B  Z  A  A  P
P  U  Q  T  Y  N  J  R  T  E  D  E  G  P  A
A  S  I  O  A  S  E  R  Z  S  K  O  F  C  I
```

BEANBAG

BED

CANDY

CHATTING

COMPUTER

CUDDLE

DUVET

ICE CREAM

INTERNET

MOVIE

PAJAMAS

PILLOW

REST

ROBE

SLEEP

SLIPPERS

SNACKS

SNOOZE

TAKEOUT

VIDEO GAME

```
E  X  U  E  F  S  T  Y  T  V  W  P  Z  E  A
G  A  W  A  H  R  Q  E  P  H  T  C  M  L  Y
P  K  U  Y  O  E  M  O  U  M  I  R  S  S  S
G  R  L  E  D  N  A  L  L  O  H  E  A  J  J
E  E  D  K  L  C  K  T  R  C  H  I  R  A  C
E  H  O  D  S  L  O  I  R  U  A  W  K  S  B
L  O  U  B  E  T  U  O  D  I  P  M  O  P  E
C  P  M  B  R  S  O  A  E  N  A  P  Z  X  T
Y  V  E  R  G  A  C  Z  G  V  O  S  Y  R  X
C  A  R  N  O  T  P  H  L  E  B  R  U  N  S
O  M  I  T  T  E  R  R  A  N  D  P  C  O  R
T  S  I  E  T  R  A  P  A  N  O  B  E  A  L
Y  T  T  A  Z  R  D  N  A  R  E  L  L  I  M
C  C  I  O  K  Y  S  R  Z  T  R  L  O  E  T
K  C  O  S  W  M  Q  W  O  N  I  R  R  L  L
```

AURIOL	HOLLANDE
BONAPARTE	LEBRUN
CARNOT	LOUBET
CHIRAC	MACRON
COTY	MILLERAND
DE GAULLE	MITTERRAND
DESCHANEL	POHER
DOUMER	POMPIDOU
FAURE	SARKOZY
GREVY	THIERS

E	L	T	S	A	C	Y	X	H	M	P	S	D	J	R
S	R	Z	U	G	P	H	Y	J	T	I	O	R	F	I
U	S	O	P	F	I	C	T	S	Z	D	A	N	O	A
O	P	E	R	A	H	O	U	S	E	P	X	O	I	L
H	A	A	I	E	S	U	O	H	T	H	G	I	L	A
E	C	K	S	E	P	H	A	N	G	A	R	S	R	S
R	E	T	O	E	E	A	I	I	D	T	G	N	I	D
A	S	L	N	X	C	L	R	B	R	L	T	A	G	S
W	T	T	F	E	A	A	P	C	U	P	U	M	L	Y
U	A	O	A	G	M	U	L	U	S	H	O	T	E	L
W	T	W	C	D	L	U	A	A	K	Y	E	R	T	F
W	I	E	T	I	I	M	N	S	P	L	K	R	T	E
N	O	R	O	R	Z	U	E	O	I	X	U	S	J	B
I	N	Q	R	B	E	M	M	F	M	S	Q	C	V	C
U	L	I	Y	E	K	P	S	L	U	B	H	U	B	J

AIRPLANE

AIRPORT

BRIDGE

CASTLE

FACTORY

HANGAR

HOTEL

LIGHTHOUSE

MANSION

MONUMENT

OIL RIG

OPERA HOUSE

PALACE

PRISON

SHIP

SKYSCRAPER

SPACE STATION

STADIUM

TOWER

WAREHOUSE

18 WORDSEARCH

```
A  B  V  I  D  K  T  O  Z  Q  Q  K  X  T  D
U  D  Z  A  L  E  T  S  L  I  P  R  B  I  T
T  P  V  P  R  O  C  L  A  I  M  Q  M  E  I
T  H  M  I  S  W  A  R  N  C  L  I  M  I  R
E  T  A  T  S  M  P  A  N  I  D  M  E  N  G
R  U  V  S  S  E  F  N  O  C  W  A  S  F  K
W  Z  S  R  L  O  K  N  U  T  S  K  O  O  R
O  A  D  A  R  D  A  X  N  S  S  E  L  R  X
O  J  A  I  W  Y  E  D  C  A  X  K  C  M  B
C  O  T  T  E  L  L  C  E  P  N  N  S  W  A
M  S  F  L  D  I  V  U  L  G  E  O  I  G  R
L  C  A  R  E  V  E  A  L  A  C  W  D  A  W
I  I  P  U  B  L  I  S  H  R  R  N  J  T  T
R  T  N  B  E  N  U  T  R  O  P  E  R  E  C
W  J  K  T  T  A  L  A  R  X  A  Y  Z  X
```

ADVISE

ANNOUNCE

BROADCAST

CONFESS

DECLARE

DISCLOSE

DIVULGE

EXPLAIN

INFORM

LEAK

LET SLIP

MAKE KNOWN

PROCLAIM

PUBLISH

REPORT

REVEAL

STATE

TELL

UTTER

WARN

```
O  R  T  L  I  N  N  A  T  E  M  O  I  D  I
G  B  I  N  T  E  R  I  M  E  L  A  H  N  I
V  M  S  W  A  U  E  L  T  T  A  L  S  L  M
E  W  T  D  L  S  H  P  X  R  E  E  Z  E  A
C  R  H  E  I  S  A  F  O  J  R  A  A  O  G
Q  T  M  T  A  I  A  T  T  L  I  I  R  E
T  I  U  I  N  S  P  I  R  E  O  N  D  S  G
A  R  S  C  E  A  U  M  X  C  T  S  N  R  S
E  S  I  N  S  I  T  N  M  I  I  U  I  P  O
R  W  D  I  N  T  E  R  V  A  L  L  R  E  L
R  O  E  L  B  I  S  S  O  P  M  I  A  I  S
A  E  A  N  P  O  D  N  C  P  C  N  O  T  M
J  Q  L  V  W  Y  R  E  I  V  M  X  A  L  I
S  R  A  K  O  I  N  T  R  E  P  I  D  B  P
F  I  I  P  I  M  I  U  V  T  G  W  X  T  L
```

IDEAL	INSPIRE
IDIOM	INSULIN
IMAGE	INTERIM
IMPORTANT	INTERVAL
IMPOSSIBLE	INTREPID
INCITED	ISOTOPE
INDIA	ISSUE
INHALE	ISTHMUS
INNATE	ITALIAN
INSERT	ITALIC

```
N  R  L  A  N  G  I  A  A  F  T  S  Q  Z  C
U  S  U  N  E  V  H  S  I  G  T  Y  T  N  S
O  G  C  C  E  S  O  J  A  S  N  S  M  Y  R
T  A  I  J  O  G  P  T  G  A  L  L  I  A  L
R  I  N  U  H  D  T  E  I  V  Y  R  E  S  F
O  V  A  N  E  I  U  B  P  M  G  V  P  N  A
E  I  I  O  O  A  E  S  P  S  M  T  R  V  A
G  R  T  D  A  N  C  H  O  O  N  B  U  V  I
T  T  Q  B  V  A  A  J  E  G  M  S  M  E  Q
T  K  V  N  T  E  U  P  N  R  A  O  I  S  O
M  L  A  X  L  U  N  A  A  E  T  U  N  T  F
A  E  Z  R  E  J  E  L  F  L  O  R  A  A  C
A  O  A  A  C  E  R  E  S  Q  D  S  U  R  C
Y  P  Z  K  A  F  T  S  P  O  A  N  F  X  E
X  O  A  I  L  I  S  R  E  H  A  X  S  E  P
```

ANNONA	LYMPHA
CERES	OPS
DIANA	PALES
FAUNA	POENA
FLORA	POMONA
GALLIA	RUMINA
HERSILIA	STRENUA
JUNO	TRIVIA
LUCINA	VENUS
LUNA	VESTA

```
J V E D O M E D C I T Y A T S
E V N R B I O P L A S T I C R
L S P A C E P L A N E R S Z R
E N I A R T P O O L R E P Y H
C F S N A N O S E N S O R S S
T L O Y T R I C O R D E R C A
R Y L L A N T I G R A V I T Y
O I E V A R P M C K W N Z W P
L N D A I A R C O L O G Y R W
A G S C C L A Y T R O N I C S
S C C T E M O H T R A M S R G
E A R R E S R N A E R O G E L
R R E A S C I N O R T M O T A
S L E I S P E T E X T I L E S
V R N N S M A R T G R I D B I
```

AEROGEL

ANTI-GRAVITY

ARCOLOGY

ATOMTRONICS

BIOPLASTIC

CLAYTRONICS

DOMED CITY

E-TEXTILES

ELECTRIC CAR

ELECTROLASER

FLYING CAR

HYPERLOOP TRAIN

NANOSENSORS

OLED SCREEN

SMART GRID

SMART HOME

SPACEPLANE

SPINTRONICS

TRICORDER

VACTRAIN

```
T P E Y T P M P S A X Z R I L
E G B U E A C J K A L U G A P
L K R S R R N D S A W F I S H
W A L L E Y E U M Q B E L Q A
E K I P N R E H T R O N D T L
A N A R A P A I M A T P E I Y
B A I K A L S E A L O N D G B
V U N D U H C S L C X F C E U
O S A L L I G A T O R G A R L
T M O R A Y E E L G E O T F L
H S I F D R O W S Q R G F I S
P U S B O X J E L L Y F I S H
M B L A C K C A I M A N S H A
L V H P P Y C V W P O F H O R
L P R B R R E E T T N L Z Z K
```

ALLIGATOR GAR
ARAPAIMA
BAIKAL SEAL
BLACK CAIMAN
BOTO
BOX JELLYFISH
BULL SHARK
FALSE GHARIAL
GILDED CATFISH
KALUGA

MARLIN
MORAY EEL
NORTHERN PIKE
ORCA
SAWFISH
SWORDFISH
TIGERFISH
TUNA
VUNDU
WALLEYE

```
T S V R L T R B U A H V F R D
E D R O B S Z Y W P A T O R I
J S U W T E V K V F N O T E T
A Z S T L S N S T R L A C O W
R A N K R I I R U T R D A D B
T U T R A I T W F O Y W R Y G
N R I B Q T I T T R O U T G C
H U B J Q S M L S R S H R U L
O I E I T I E O T E K C I H T
A X T C D R L S P N H S S T A
R J T W I L I G H T Z D O A L
T U U R J R E P E Q A O J I E
F I U A U K S T L M T V S N N
Z U J O R S T E L E P O R T T
O V T E X T T D F X T N I T S
```

TAINT	TORRENT
TALENT	TOURIST
TAROT	TRACT
TELEPORT	TRAIT
TEXT	TRIPLET
THICKET	TROUT
TIBET	TRUST
TIMELIEST	TUFT
TINT	TWILIGHT
TOOT	TWIST

B	R	D	C	H	O	P	S	T	I	C	K	S	F	E
K	B	L	A	B	X	W	O	C	Y	A	R	B	C	C
I	I	I	P	P	S	L	M	E	T	H	X	U	V	U
F	S	T	E	T	P	P	M	D	E	S	S	E	R	T
K	R	P	R	P	E	W	E	R	U	T	R	V	A	L
J	S	T	I	S	C	A	L	I	O	S	E	E	R	E
K	A	P	T	T	I	I	I	M	W	I	T	S	A	R
P	X	O	I	C	A	T	E	N	R	L	R	Z	V	Y
S	L	X	F	H	L	R	R	S	R	E	A	G	M	K
O	L	I	V	E	S	E	E	T	N	N	T	Q	T	R
Q	W	O	T	F	U	S	E	G	B	I	S	I	S	L
T	D	R	I	N	K	S	F	Q	A	W	K	I	A	I
U	A	D	Z	I	D	K	F	L	U	N	R	P	V	W
P	M	E	N	U	F	R	O	I	O	S	A	T	A	V
F	L	R	H	Q	A	I	C	M	H	G	Y	M	V	N

APERITIF

CHEF

CHOPSTICKS

COFFEE

CUSTOMERS

CUTLERY

DESSERT

DRINKS

MANAGER

MENU

NAPKINS

OLIVES

ORDER

SOMMELIER

SPECIALS

STARTERS

TIPS

WAITER

WAITRESS

WINE LIST

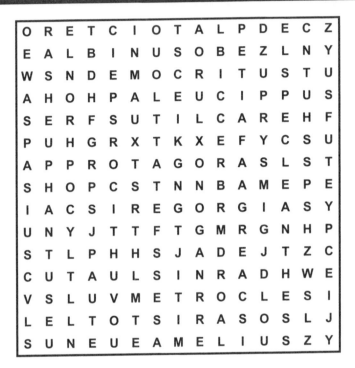

O	R	E	T	C	I	O	T	A	L	P	D	E	C	Z
E	A	L	B	I	N	U	S	O	B	E	Z	L	N	Y
W	S	N	D	E	M	O	C	R	I	T	U	S	T	U
A	H	O	H	P	A	L	E	U	C	I	P	P	U	S
S	E	R	F	S	U	T	I	L	C	A	R	E	H	F
P	U	H	G	R	X	T	K	X	E	F	Y	C	S	U
A	P	P	R	O	T	A	G	O	R	A	S	L	S	T
S	H	O	P	C	S	T	N	N	B	A	M	E	P	E
I	A	C	S	I	R	E	G	O	R	G	I	A	S	Y
U	N	Y	J	T	T	F	T	G	M	R	G	N	H	P
S	T	L	P	H	H	S	J	A	D	E	J	T	Z	C
C	U	T	A	U	L	S	I	N	R	A	D	H	W	E
V	S	L	U	V	M	E	T	R	O	C	L	E	S	I
L	E	L	T	O	T	S	I	R	A	S	O	S	L	J
S	U	N	E	U	E	A	M	E	L	I	U	S	Z	Y

ALBINUS

AMELIUS

ARISTIPPUS

ARISTOTLE

ASPASIUS

CHAMAELEON

CLEANTHES

DEMOCRITUS

DEMONAX

EUENUS

EUPHANTUS

GORGIAS

HERACLITUS

LEUCIPPUS

LYCOPHRON

METROCLES

PLATO

PROTAGORAS

SOCRATES

THALES

P	C	S	L	L	W	G	Z	Q	T	N	L	T	I	Z
U	D	N	A	H	R	E	H	T	O	E	H	T	N	O
F	L	U	G	L	L	I	T	S	R	U	Q	M	D	A
F	I	N	A	L	L	Y	L	S	S	R	T	H	E	N
E	S	T	M	N	U	E	L	I	H	W	N	A	E	M
H	D	V	X	J	A	C	W	T	K	I	W	E	D	W
N	O	T	H	E	R	W	I	S	E	E	U	K	R	K
S	O	S	P	R	N	H	M	I	A	Q	W	W	I	V
P	L	H	C	O	X	O	E	M	N	U	H	I	N	G
N	X	O	R	F	R	M	B	I	Y	A	E	F	S	O
O	S	W	D	E	J	Z	T	L	W	L	R	T	T	E
E	T	E	O	R	A	X	C	A	A	L	E	O	E	C
O	U	V	A	E	L	B	V	R	Y	Y	A	T	A	N
U	E	E	A	H	D	Z	A	L	S	Q	S	R	D	E
R	W	R	B	T	R	T	H	Y	I	J	L	S	E	H

ANYWAY

AS WELL AS

EQUALLY

FINALLY

HENCE

HOWEVER

INDEED

INSTEAD

LIKEWISE

MEANWHILE

MOREOVER

NEXT

ON THE OTHER HAND

OTHERWISE

SIMILARLY

STILL

THEN

THEREFORE

THUS

WHEREAS

L	V	U	Z	P	R	H	Z	T	Y	O	O	I	T	T
S	U	L	R	X	S	W	T	K	Y	M	J	P	L	I
K	T	P	U	Y	A	S	I	X	H	T	T	M	N	R
Y	F	T	M	J	A	S	A	V	T	U	D	V	P	A
V	O	B	Q	A	P	S	F	B	M	I	E	S	M	H
B	O	A	R	D	N	D	A	N	G	E	R	T	M	M
L	R	I	E	H	O	A	T	L	N	S	T	N	A	A
R	P	Q	H	H	I	S	N	E	I	S	E	U	L	C
F	F	F	P	S	T	N	O	G	N	S	M	S	T	C
H	A	S	I	P	O	S	T	E	R	I	B	C	O	N
I	Y	T	C	G	M	N	I	N	A	G	L	D	G	V
E	O	V	J	B	U	S	C	D	W	N	E	K	O	S
B	S	J	N	Y	S	R	E	K	R	A	M	Z	L	N
Z	M	A	B	A	D	G	E	A	P	L	E	I	K	R
M	Z	J	X	U	U	Y	I	A	C	B	F	G	W	A

BADGE	**LEGEND**
BOARD	**LOGO**
CIPHER	**MARKER**
CLUE	**MOTION**
CODE	**NOTICE**
DANGER	**POSTER**
EMBLEM	**PROOF**
FIGURE	**SIGNAL**
HINT	**SYMBOL**
KEY	**WARNING**

```
S A N T A B A R B A R A R I T
T Y S A V A W I T N E S S R W
N H O T N C O L D K G E M I R
I I R B B C C L R L N F U E R
R M U P E A R L O R I I R M L
P G N Q K H R S G I S R F F I
R Q W E E S T Z T G M E E O L
E S G S W N U F O A A W T T R
G U I T A R N U O D D O T R H
N K P T E E N A G E D R E A M
I Y N O S D U H M S N K O P Q
F S W I S H S W I S H O R G M
R A M E R I C A N I D O L D I
P E S P E A C O C K G B P F N
F S E L F I N F L I C T E D R
```

AMERICAN IDOL

FINGERPRINTS

FIREWORK

GUITAR

HOT N COLD

HUDSON

I KISSED A GIRL

LOST

MANNEQUIN

ONE OF THE BOYS

PART OF ME

PEACOCK

PEARL

SANTA BARBARA

SELF INFLICTED

SINGER

SMURFETTE

SWISH SWISH

TEENAGE DREAM

WITNESS

```
N P A K L A N I M R E T N X T
K K L S E P A E E E L S A A I
I R C L U A B J T I T P N E G
P F A B G N O A S T B G Z R E
E R T H I D U Q S H E R M A N
A K R W M R L B Q L G N E V B
S Z A S N U D P A U G Y N K H
T A Z N A S I R U C R G P A K
M U N U S T N E O I O S U N F
A Y S T F E N J P C C N I A P
R S U G A R L O A F K L T C U
I P R I N C E T K P A O H A I
N Z G L P K R G T A P L S P T
B G J Z L K S U U A R E I A R
G P O S U T I L Z X R K D P X
```

ALCATRAZ

ANACAPA

ANDRUS

ANGEL

BACON

BEGG ROCK

BIRD ROCK

BOULDIN

EAST MARIN

FANNETTE

NEGIT

PAOHA

PRINCE

RATTLESNAKE

SAN MIGUEL

SANTA CRUZ

SHERMAN

SUGARLOAF

SUTIL

TERMINAL

```
S  I  I  W  X  K  K  L  R  R  F  I  P  E  P
J  R  J  L  E  N  N  E  K  O  I  Z  X  J  S
U  Q  S  W  I  F  S  O  P  X  R  N  I  R  A
E  N  A  G  O  R  J  D  S  X  S  P  D  X  H
O  O  H  T  K  E  Y  W  O  R  D  C  Z  A  G
L  T  S  Y  I  H  A  Y  T  T  V  P  J  P  Q
L  P  U  K  N  U  C  K  L  E  S  T  A  S  Z
E  Y  R  F  G  K  Q  D  L  S  X  T  H  C  C
N  R  N  D  D  I  I  K  E  G  N  E  X  T  A
R  K  E  R  O  S  E  N  E  R  Z  T  B  Z  R
E  Z  H  P  M  S  D  I  E  L  D  N  I  K  K
K  I  C  K  I  N  G  F  B  T  K  N  O  C  K
G  T  T  K  I  D  N  E  Y  N  I  Q  I  P  H
J  N  I  K  N  O  W  I  N  G  M  C  A  K  M
N  X  K  A  R  A  T  E  K  V  S  I  G  P  M
```

KARATE

KENNEL

KERNEL

KEROSENE

KEYWORD

KICKING

KIDNEY

KINDLE

KINDNESS

KINDRED

KINETIC

KINGDOM

KISS

KITCHEN

KNIFE

KNIGHT

KNOCK

KNOWING

KNUCKLE

KRYPTON

L	S	J	A	P	T	P	J	O	U	D	Y	E	S	S
Y	X	M	E	F	I	L	D	L	I	W	S	R	R	S
W	A	L	K	S	A	R	Q	C	K	I	I	U	P	O
E	K	E	N	A	I	N	T	I	O	H	R	T	T	Q
S	E	R	T	L	E	O	E	Y	R	L	O	A	R	E
T	R	U	M	M	H	I	I	P	A	R	D	N	U	T
D	L	R	T	O	U	R	G	U	I	D	E	G	I	E
T	D	M	S	N	O	I	S	R	U	C	X	E	Y	I
R	O	S	P	F	N	S	H	I	P	R	P	R	A	O
Z	O	C	W	I	L	D	E	R	N	E	S	S	X	L
A	F	E	H	S	K	N	A	B	R	I	A	F	P	Q
A	A	N	C	H	O	R	A	G	E	C	P	E	E	R
E	E	I	Y	I	T	S	U	I	L	A	N	E	D	I
A	S	C	P	N	W	L	O	S	Q	L	R	V	T	Y
S	I	I	J	G	J	Q	I	W	T	G	E	S	H	O

ANCHORAGE

BEARS

COLD

DAY TRIP

DENALI

EXCURSIONS

FAIRBANKS

GLACIER

KENAI

MOOSE

NATURE

SALMON FISHING

SCENIC

SEAFOOD

SHIP

TOUR GUIDE

TUNDRA

WALKS

WILDERNESS

WILDLIFE

```
O  E  Y  L  I  N  N  A  C  O  A  S  C  Y  I
U  K  I  K  C  K  C  A  N  D  I  D  L  Y  Z
Q  W  C  D  H  S  S  A  N  Y  S  C  E  L  C
W  V  S  H  E  U  O  F  U  X  C  O  V  H  A
C  E  R  T  A  I  N  L  Y  S  U  M  E  N  P
O  T  Z  L  P  R  D  T  N  C  R  M  R  T  I
M  I  L  W  L  T  I  O  R  P  I  O  L  T  T
P  Y  N  B  Y  B  A  T  E  C  O  N  Y  T  A
A  A  F  P  R  D  Y  I  A  U  U  L  Y  C  L
C  O  R  R  E  C  T  L  Y  B  S  Y  L  A  L
T  T  C  A  R  E  L  E  S  S  L  Y  N  L  Y
L  X  T  M  I  Y  S  I  R  S  Y  Y  A  M  G
Y  L  L  U  F  E  R  A  C  F  O  I  E  L  L
D  I  B  R  L  X  A  C  L  E  A  R  L  Y  Q
D  S  F  D  F  A  Y  L  E  S  O  L  C  V  S
```

CALMLY	**CHEMICALLY**
CANDIDLY	**CLEANLY**
CANNILY	**CLEARLY**
CAPITALLY	**CLEVERLY**
CAREFULLY	**CLOSELY**
CARELESSLY	**COMMONLY**
CASUALLY	**COMPACTLY**
CERTAINLY	**CORRECTLY**
CHARITABLY	**CROSSLY**
CHEAPLY	**CURIOUSLY**

L	Q	S	S	C	I	W	T	S	E	S	K	Q	L	T
S	J	A	T	M	F	I	I	R	U	W	N	S	O	S
G	G	S	K	A	L	C	I	N	C	I	P	Z	A	U
R	T	P	V	T	R	E	S	U	D	M	S	S	M	H
E	O	S	O	P	A	C	I	R	U	M	G	D	S	T
D	U	Q	L	H	R	R	S	L	L	E	H	S	L	T
F	R	B	L	E	V	E	R	R	U	R	A	O	P	B
L	I	F	E	G	U	A	R	D	A	S	P	R	A	Y
A	S	N	Y	A	N	M	R	O	T	Y	L	T	R	U
G	T	S	B	U	C	K	E	T	C	V	Q	T	A	S
T	S	W	A	E	X	H	W	A	L	K	E	R	S	A
S	J	D	L	D	D	T	M	E	T	T	P	T	O	I
S	E	I	L	I	M	A	F	A	K	P	R	O	L	R
S	D	R	J	T	E	P	P	T	T	I	Q	R	O	U
L	T	A	Q	K	I	T	E	S	Y	H	G	L	S	L

BEACH MAT	**SHELLS**
BUCKET	**SPADE**
FAMILIES	**SPRAY**
ICE CREAM	**SUNSCREEN**
KITES	**SWIMMERS**
LIFEGUARD	**TIDE**
PARASOL	**TOURISTS**
PICNIC	**VOLLEYBALL**
RED FLAG	**WALKERS**
ROCK POOL	**WIND**

```
F V G F B B Q L S A E O N R P
L R R S U B T R A C T I O N
O H J T E B I N O M I A L G A
C O N V E X J F A L O Y B T U
W M T A D P A I N A N O E O M
A B S C I S S A M O F N L U O
S U Q R V I I R M O A A L N I
S S T E O S R I N I T T I I X
B N U M E R A T O R I C P O A
I L R T R L A H L P P R S N P
S O R S M D M M L Z N A E K D
E A P G U R S E T T H E O R Y
C Q U A D R A T I C X E L L Q
T T A L G O R I T H M K I R U
S U L U C L A C X E Y A N T L
```

ABSCISSA	CONVEX
ALGORITHM	ELLIPSE
ARCTAN	MULTIPLE
ARITHMETIC	NUMERATOR
AXES	POLYNOMIAL
AXIOM	QUADRATIC
BINOMIAL	RHOMBUS
BISECT	SET THEORY
CALCULUS	SUBTRACTION
CARTESIAN	UNION

```
P A T H O L O G I S T Z N D X
E C O L O G I S T M S A L T M
M E T E O R O L O G I S T S B
G T S I N A T O B C G T S I A
E S I K Z N A E I A O R I G S
O I G U A M C N N Q L O G O T
L L O R J R H G V U O N O L R
O A L W D C E I E A T A L O O
G R O U E A M N N R N U O T N
I U I T U L I E T I O T R E O
S T B A R Z S E O S E K D P M
T A P G S S T R R T L Z Y R E
L N O C E A N O G R A P H E R
R P H Y S I C I S T P T A H T
F O T S I G O L O N H C E T U
```

AQUARIST	HYDROLOGIST
ASTRONAUT	INVENTOR
ASTRONOMER	LAB TECHNICIAN
BIOLOGIST	METEOROLOGIST
BOTANIST	NATURALIST
CHEMIST	OCEANOGRAPHER
ECOLOGIST	PALEONTOLOGIST
ENGINEER	PATHOLOGIST
GEOLOGIST	PHYSICIST
HERPETOLOGIST	TECHNOLOGIST

```
Q  L  W  H  I  R  B  Z  V  U  F  O  B  R  M
N  I  L  D  O  N  E  S  T  L  I  N  G  R  T
S  C  P  L  U  M  A  G  E  A  T  J  R  T  A
A  H  I  D  E  T  K  D  C  A  M  M  E  B  P
R  I  A  O  Q  T  G  T  N  I  B  A  S  R  Y
R  C  B  B  U  L  A  B  E  B  L  I  E  O  A
E  K  M  I  I  F  P  U  I  I  W  S  R  O  L
J  S  I  N  E  T  Z  D  T  R  A  S  V  D  P
F  O  G  O  T  P  A  H  A  D  D  S  E  R  S
N  N  R  C  U  R  M  T  P  S  E  B  Y  R  I
I  B  A  U  N  T  S  G  M  O  R  S  A  S  D
P  Z  T  L  A  A  E  V  L  N  S  K  B  T  A
A  V  I  A  R  Y  A  S  A  G  O  H  R  R  H
L  X  O  R  F  C  E  E  T  P  X  C  A  U  U
B  C  N  S  I  L  H  O  U  E  T  T  E  Z  R
```

AVIARY	HIDE
BEAK	MIGRATION
BINOCULARS	NESTLING
BIRDBATH	PATIENCE
BIRDSONG	PLUMAGE
BROOD	QUIET
CHICKS	RESERVE
DISPLAY	SEABIRDS
FLEDGLING	SILHOUETTE
HABITAT	WADERS

```
V A S N L Z X O E O F I T D B
C D R F A S O B T W Y T Z A E
H G S X R E G O A A O R T H K
O E N C T I V N A S D U N P S
C N O A U R B L I R E S X T I
O E T P E Q U O C K L L P X M
L V N E S X O U S I U W F G
A A A R R T P T Z R N H A L P
T E C F E U L H U E G B T H N
E U V U U C T E R D A U C C L
Y M Y M D E U A I C S R H R E
E M M E N T A L C R Q B E R N
T L Z U O A L P H O R N S V S
N A L L F A S S I S K I I N G
N M O U N T A I N S L C E Y T
```

ALPHORNS	LUCERNE
BASEL	MOUNTAINS
BERN	NEUTRAL
CANTONS	PERFUME
CHOCOLATE	RED CROSS
EMMENTAL	SKIING
FONDUE	THE ALPS
FRIBOURG	WATCHES
GENEVA	YODELING
HIKING	ZURICH

```
Y A E V O O Z N O D N O L L I
S H A R R O D S X S P A T U L
O O L R E T A W F V I R J R T
U T E A R L S C O U R T A S H
T R E D T O W E R B R I D G E
H A O K R A P E D Y H A V H T
B Z T G R T H E S H A R D M H
A T Y E S A I N T P A U L S A
N E L E M X M E R V I M D B M
K M D K V O R N E B G I B E E
M U E S U M D U E R F W H L S
O L Y M P I A E T D K I F F Z
R C U T T Y S A R K M O F A U
N P A R L I A M E N T A R S K
A Y M U E S U M K C O L C T K
```

BIG BEN

CAMDEN MARKET

CLOCK MUSEUM

CUTTY SARK

EARLS COURT

FREUD MUSEUM

HARRODS

HMS BELFAST

HYDE PARK

LONDON ZOO

OLYMPIA

OXFORD STREET

PARLIAMENT

SAINT PAUL'S

SOUTH BANK

TATE MODERN

THE SHARD

THE THAMES

TOWER BRIDGE

WATERLOO

```
S  C  K  N  E  K  E  T  C  H  U  P  C  K  S
T  H  S  O  U  O  U  H  B  E  L  P  P  A  P
P  E  P  P  E  R  C  O  R  N  I  K  H  R  M
P  E  A  O  N  J  E  L  O  I  N  O  U  C  S
S  S  M  Y  I  U  B  L  W  W  N  U  H  O  J
E  E  S  Y  W  T  R  A  N  E  Z  I  T  K  V
T  B  L  F  D  A  A  N  Y  T  L  L  T  A  V
P  O  E  G  E  B  B  D  L  I  K  M  F  X  L
P  E  M  R  R  A  F  A  Y  H  A  U  A  C  A
O  O  O  A  H  S  F  I  A  W  B  S  T  R  K
R  I  N  V  T  C  G  S  N  L  I  T  L  E  T
K  E  T  Y  L  O  D  E  R  F  L  A  E  A  G
Y  F  O  R  R  E  H  A  O  R  O  R  T  M  S
Z  W  X  N  L  M  S  O  M  I  V  D  L  Y  N
R  A  T  M  U  H  O  I  A  S  C  P  A  R  A
```

ALFREDO	KETCHUP
APPLE	LEMON
BARBECUE	MORNAY
BROWN	MUSTARD
CHEESE	PEPPERCORN
CHILI	RED WINE
CREAM	SALSA
GRAVY	TABASCO
HOLLANDAISE	TOMATO
HONEY	WHITE WINE

```
G Y Z V K O A V T E B H W A C
T U E L Y G N I N G I S H L S
S V U A A T O U R I N G A B P
O Y S G E S E A Q O T B P U C
V T U O R W R E V O E K A M O
I L L L L O Z A C L R S K U R
D O R Y A H I K E D V A M W H
E A R R T S H D U H I E E F J
O V N I P R O D U C E R R I H
K P R C A S G I G T W R U J R
F A N S I N O S I P S R N V C
A G E N T N V N N R A S C A P
Y H G R R E G A N A M O P G V
E L S H F S T Y L I S T J T V
E U R M G L I F C R V E T R H
```

AGENT

ALBUM

DANCING

FANS

GIGS

INTERVIEWS

LABEL

LYRICS

MAKEOVER

MANAGER

MEETINGS

PRODUCER

REHEARSAL

SHOWS

SIGNING

SINGLE

STUDIO

STYLIST

TOURING

VIDEO

```
L S S X W H M J J E R S E Y S
A J E T T Y J E R O B O A M J
R B E P Y R A O L J O T S I H
M L J P R L K P K A R R V O P
J J E M O E N A T R S W E G D
E E T U B W I R M Z P U T E S
J R S I R E K D D V I A R J J
U I A S M J R Y S A O B R E J
N C M K I J E R E M Y H L A J
E H Y O O C J S O S K L O N E
A O O O L E A T U V Y K S S S
Z L Z A C I U U Q I M X I S T
N S A E A B A B C A T R A N T
A P V V O U S A A L I T T T I
N E A I J S S L P R Z X I A Y
```

JEALOUS	JERKIN
JEANS	JEROBOAM
JEEP	JERSEY
JEER	JERUSALEM
JEJUNE	JESSICA
JELLY	JEST
JEOPARDY	JESUIT
JERBOA	JETSAM
JEREMY	JETTY
JERICHO	JEWELRY

```
S P R M G R S L S T H G I L F
Q H H I N T E R E S T Y W J W
G I S X R D W V M R A M O C J
R E S A L E S T A X K E A I U
V A V O Y B N R G G E U V D U
E E R E N T I S O D O O F G D
L A G S T R I L E F U A S N S
F J P W A E N C D I T F N I Q
B O P C M P C I I L B J Y T J
R G S L F A O S V R T B H A S
U A B O T Y M U A Q T H O E H
O V U T P M E M K G O C T H L
P P A H B E T M T I C K E T S
T A B E C N A R U S N I Z L D
V U S S G T X M O R T G A G E
```

CLOTHES

DEBT REPAYMENT

ELECTRICITY

FLIGHTS

FOOD

GAS

GYM

HEATING

HOBBIES

INCOME TAX

INSURANCE

INTEREST

MORTGAGE

MUSIC

RENT

SALES TAX

TAKEOUT

TICKETS

TRAVEL

VIDEO GAMES

```
I  F  G  A  E  L  X  U  P  O  T  O  P  R  L
S  T  S  A  L  A  D  T  O  N  G  S  C  D  P
Y  F  T  F  R  E  E  Z  E  R  R  N  A  A  T
S  R  E  C  I  L  S  E  L  P  P  A  N  B  G
A  Y  R  E  F  R  I  G  E  R  A  T  O  R  X
S  I  N  K  L  Y  B  C  S  A  A  W  P  G  U
R  N  J  M  D  C  A  T  P  U  L  T  E  F  O
G  G  U  L  R  S  T  R  A  R  E  P  N  O  T
L  P  I  Z  Z  A  C  U  T  T  E  R  E  R  R
O  A  C  E  N  E  L  O  U  G  K  S  R  K  E
I  N  E  G  T  R  A  V  L  O  N  M  S  S  D
A  E  R  R  O  S  V  E  A  O  R  I  A  D  N
W  L  Z  I  T  R  T  N  O  S  H  I  K  K  E
T  E  S  E  I  E  L  P  N  W  S  V  P  A  L
S  T  R  R  B  O  S  E  V  I  N  K  H  A  B
```

APPLE SLICER
BAKING TRAY
BLENDER
BOWL
CAN OPENER
FORKS
FREEZER
FRYING PAN
GARLIC PRESS
JUICER

KNIVES
OVEN
PIZZA CUTTER
REFRIGERATOR
SALAD TONGS
SINK
SPATULA
SPOONS
TOASTER
WHISK

44 WORDSEARCH

```
L W M A N G E R T R F T T E Q
E I S Q S R J U S V A W Y S U
L P Q T I N O H U F F X E R M
I S S U Q T H C G U N B R W O
S E A I P T P C S G J J S I S
D A R X D I S L I K E I S W P
R A G W Q R O A D R A G E X E
Q T U U T U P E Z T L S N R K
W D E A T P M E T N O C I G R
F H O E N V Y D E S U O P I Z
J P T U E T E T I P S W M O I
R L A A M T M O O D Y L U G N
A U F U R Y A V P O T P R E R
Z A W I O W N H T L F I G H T
X R I A T Y F H T P S V A B T
```

ANGER

ARGUE

CONTEMPT

DISGUST

DISLIKE

ENVY

FIGHT

FURY

GRUMPINESS

HATE

HUFF

JEALOUSY

MOODY

PIQUE

ROAD RAGE

SCORN

SCOWL

SPITE

TORMENT

WRATH

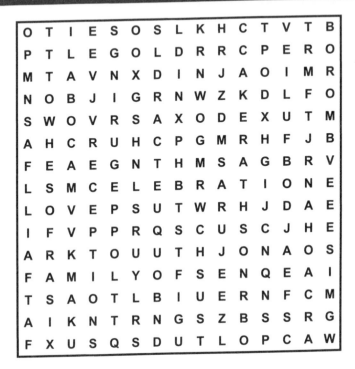

O	T	I	E	S	O	S	L	K	H	C	T	V	T	B
P	T	L	E	G	O	L	D	R	R	C	P	E	R	O
M	T	A	V	N	X	D	I	N	J	A	O	I	M	R
N	O	B	J	I	G	R	N	W	Z	K	D	L	F	O
S	W	O	V	R	S	A	X	O	D	E	X	U	T	M
A	H	C	R	U	H	C	P	G	M	R	H	F	J	B
F	E	A	E	G	N	T	H	M	S	A	G	B	R	V
L	S	M	C	E	L	E	B	R	A	T	I	O	N	E
L	O	V	E	P	S	U	T	W	R	H	J	D	A	E
I	F	V	P	P	R	Q	S	C	U	S	C	J	H	E
A	R	K	T	O	U	U	T	H	J	O	N	A	O	S
F	A	M	I	L	Y	O	F	S	E	N	Q	E	A	I
T	S	A	O	T	L	B	I	U	E	R	N	F	C	M
A	I	K	N	T	R	N	G	S	Z	B	S	S	R	G
F	X	U	S	Q	S	D	U	T	L	O	P	C	A	W

BOUQUET

BRIDE

CAKE

CELEBRATION

CHAMPAGNE

CHURCH

DIAMOND

FAMILY

GIFTS

GOLD

GOWN

GROOM

LOVE

RECEPTION

RINGS

TOAST

TUXEDO

USHERS

VEIL

VOWS

```
Z  R  S  R  V  P  L  K  O  Z  K  R  A  I  G
T  P  T  R  Y  G  O  F  C  T  Z  B  M  A  L
P  G  D  T  I  L  N  E  Y  T  E  L  V  Q  P
F  E  A  A  I  L  I  K  I  P  L  R  D  U  M
O  S  K  O  R  D  A  L  I  A  O  Z  U  O  R
R  Y  O  L  I  V  E  S  R  S  Y  W  S  M  A
A  U  S  T  Y  R  O  P  I  T  A  A  O  A  E
T  A  C  C  S  U  I  N  P  I  M  U  N  E  I
Z  H  A  I  V  A  X  E  A  T  S  R  A  H  A
A  T  L  L  M  F  V  L  V  S  G  R  G  G  S
T  N  A  L  P  G  G  E  A  I  Y  M  E  Z  E
Z  K  M  I  W  S  Z  K  L  O  R  O  R  L  R
I  B  A  A  D  T  A  S  K  S  O  M  O  K  R
K  U  R  U  L  Y  E  P  A  T  S  A  S  S  P
I  I  I  C  Y  T  M  Y  B  P  L  I  D  L  L
```

BAKLAVA	OLIVES
CALAMARI	OREGANO
DAKOS	OUZO
EGGPLANT	PASTITSIO
GAVROS	PATSAS
GYROS	PIKILIA
LAMB	SKORDALIA
MEZE	SOUVLAKI
MOUSSAKA	TYROPITA
MYDIA	TZATZIKI

```
R M A C P R X A F K L P A A P
D A G R E E T I N G E S V L C
K N W A E R R E P T A T O T O
O N A Z B W R S R O S F Q S M
P E N E R V E S O E L S U O P
P R O F E S S I O N A L E A E
R S I C A L M I V G A T S G T
Z W T L R A P P O R T L T M E
S H A N D S H A K E E J I R N
X R I R P O A S T S E T O T C
Y L T G M S A I S U H T N E Y
J S O B M T I S K I L L S I H
K A G M R L H S D U T I E S Y
D R E S S C O D E F R W F Y V
C O N F I D E N C E I S U A H
```

CALM

COMPETENCY

CONFIDENCE

DRESS CODE

DUTIES

ENTHUSIASM

GREETING

HANDSHAKE

INTERVIEWER

MANNERS

NEGOTIATION

NERVES

PERSONALITY

PROFESSIONAL

QUESTIONS

RAPPORT

SALARY

SKILLS

TESTS

WARMTH

48 · WORDSEARCH

T	R	E	A	S	O	N	N	F	Y	R	F	H	P	I
R	N	W	K	B	K	S	Y	A	E	K	X	E	I	Q
E	S	Y	R	E	B	I	R	B	Y	I	E	I	K	M
S	K	I	U	T	Y	E	U	F	P	K	H	S	J	A
P	W	G	U	W	T	P	J	P	J	L	S	T	P	P
A	B	U	R	G	L	A	R	Y	N	O	S	R	A	G
S	J	O	Y	R	I	D	E	R	O	I	G	L	A	U
S	A	K	A	O	A	V	P	G	N	N	F	A	I	W
T	S	B	T	S	M	C	F	E	E	R	U	R	L	S
R	S	L	O	R	K	L	C	L	A	O	W	O	L	L
K	A	R	G	T	C	R	C	U	S	O	A	M	E	A
E	U	P	T	V	A	N	D	A	L	I	S	M	G	N
L	L	O	S	L	L	G	I	M	I	J	U	I	A	D
X	T	Y	A	A	B	T	E	M	B	E	Z	Z	L	E
T	X	E	U	Y	X	T	S	L	F	O	R	G	E	R

ARSON	**IMMORAL**
ASSAULT	**JOYRIDER**
BLACKMAIL	**LARCENIST**
BRIBERY	**PERJURY**
BURGLARY	**SABOTAGE**
EMBEZZLE	**SLANDER**
FORGER	**THIEF**
FRAUD	**TREASON**
HEIST	**TRESPASS**
ILLEGAL	**VANDALISM**

```
Z  K  S  D  S  L  E  G  N  A  S  X  S  H  M
G  E  C  A  P  S  K  N  A  L  B  U  G  E  K
E  I  P  N  A  C  I  R  E  M  A  X  R  C  A
L  E  R  A  C  R  C  I  O  I  B  T  X  D  I
O  N  V  V  M  E  M  Y  W  A  Y  C  R  A  G
V  E  B  I  Y  Y  E  T  D  E  G  E  E  N  N
E  D  E  L  V  A  O  R  W  P  O  P  V  C  I
S  U  M  M  E  R  N  I  G  H  T  S  E  I  H
H  J  Y  W  N  P  U  X  S  A  B  E  I  N  T
A  Y  B  T  U  A  E  S  Z  L  A  R  L  G  D
C  E  D  L  U  E  A  U  L  I  C  Q  E  Q  L
K  H  N  P  T  K  F  A  K  L  K  L  B  U  I
P  X  A  I  R  I  I  A  S  E  I  X  A  E  W
W  A  T  E  R  L  O  O  T  D  R  W  M  E  O
G  H  S  L  I  K  E  A  V  I  R  G  I  N  A
```

AMERICAN PIE	LIKE A VIRGIN
ANGELS	LOVE SHACK
BABY GOT BACK	MY WAY
BLANK SPACE	RESPECT
DANCING QUEEN	STAND BY ME
DELILAH	SUMMER NIGHTS
HEY JUDE	TORN
I WILL SURVIVE	WATERLOO
I'M A BELIEVER	WILD THING
LIKE A PRAYER	YMCA

```
R  S  U  C  C  E  S  S  W  V  U  T  A  A  N
I  T  W  F  U  P  Y  U  S  D  E  S  X  P  I
P  A  S  M  A  H  S  R  O  T  W  B  P  J  S
S  T  T  S  Q  L  W  M  S  I  N  U  S  B  U
I  U  A  Y  S  R  R  V  S  C  R  A  L  T  O
T  S  A  N  I  R  C  S  A  D  D  E  N  S  U
S  S  C  O  S  I  S  E  A  M  L  E  S  S  S
S  U  R  P  A  S  S  S  T  T  T  Z  U  U  N
E  P  O  S  T  M  U  E  L  U  I  G  O  R  E
R  P  D  I  S  I  U  L  A  L  I  I  I  P  S
T  R  J  S  C  S  O  F  Q  A  D  R  R  L  S
S  E  T  E  L  A  M  L  T  U  E  P  U  U  O
T  S  B  F  O  W  P  E  T  M  D  E  P  S  R
E  S  I  C  K  N  E  S  S  P  I  H  S  Q  O
W  L  B  T  S  C  I  S  S  O  R  S  Z  D  V
```

SADDENS	STASIS
SCISSORS	STATUS
SEAMLESS	STRESS
SELFLESS	STUDIOUS
SENSUOUS	SUCCESS
SERIOUS	SUPPRESS
SICKNESS	SURPASS
SINUS	SURPLUS
SPACIOUS	SWISS
SPURIOUS	SYNOPSIS

```
M X Z P B I G N I T I N G E U
I S E U H V Z L R J D B N W N
Y T I L I V I C R J G G I C U
E C V L V W R R W P Z O D L R
G V I C I N I T Y H C X I M M
S N S F R H G F S R R I V S O
E U I V I N I I N S I P I D R
Q U T T L I D N P B T C D A E
J D I I I N F I R M I T Y I N
R A N N T C A S R T C K Q Y O
O D G H Y V N H T O I W I K V
J Y T I N I V I D O S P A N Z
M O L B I S W N N C M L V U I
P P S I R R I G I D I T Y E U
Z I P T I L L I C I T Y I L H
```

BIKINI	INHIBIT
CIVILITY	INSIPID
CRITICISM	KIWI
DIVIDING	NIHILISM
DIVINITY	RIGIDITY
FINISHING	VICINITY
IGNITING	VIRILITY
ILLICIT	VISITING
INCITING	WI-FI
INFIRMITY	WITTICISM

```
Y  P  E  L  E  S  E  A  P  L  E  B  R  P  A
Q  G  Q  T  C  T  A  L  E  G  G  I  O  E  B
O  A  B  R  T  R  A  T  T  E  R  P  A  C  R
R  L  B  O  P  A  D  D  R  A  C  C  I  O  L
T  B  M  E  C  C  L  I  S  P  J  A  S  R  J
R  A  Z  N  E  C  S  E  R  C  R  L  R  I  F
S  N  M  S  O  H  O  B  C  A  P  R  I  N  O
K  I  F  H  Q  I  T  N  G  L  T  J  A  O  N
T  N  C  Z  A  N  C  A  C  I  O  T  T  A  T
K  O  R  I  C  O  T  T  A  I  U  D  Y  A  I
Q  B  U  R  R  A  T  A  A  X  N  H  S  U  N
R  H  C  X  O  M  A  R  Z  O  L  I  N  A  A
I  B  O  R  M  I  N  O  D  H  A  T  N  Q  A
K  B  L  E  I  H  S  X  U  G  V  O  Q  M  U
T  F  O  U  L  L  P  K  O  V  M  I  R  E  Z
```

ASIAGO	DOLCELATTE
BEL PAESE	FONTINA
BOCCONCINI	GALBANINO
BORMINO	MARZOLINA
BURRATA	PADDRACCIO
CACIOTTA	PECORINO
CAPRETTA	RICOTTA
CAPRINO	STRACCHINO
CRESCENZA	TALEGGIO
CRUCOLO	TOMA

```
G  I  E  C  G  D  P  B  G  Q  R  G  A  S  I
P  K  J  I  A  Z  R  A  I  R  R  J  Q  R  N
F  U  I  O  S  A  Z  L  Z  J  E  A  N  S  V
T  R  L  T  O  U  I  A  L  U  P  P  J  J  P
P  P  T  O  P  K  C  A  J  D  A  A  U  O  P
I  J  J  U  S  T  I  C  E  G  J  N  N  K  T
R  U  J  C  S  D  N  J  A  M  E  Z  K  E  T
P  U  D  F  Z  Z  D  A  L  E  U  S  U  M  C
Z  J  J  U  N  C  T  I  O  N  J  U  L  P  A
S  A  U  O  A  Y  E  Y  U  T  Q  L  O  L  A
Y  H  J  H  Y  T  F  A  S  K  W  L  L  U  K
R  R  W  O  R  F  L  A  Y  M  F  J  J  C  S
U  R  U  P  I  J  U  D  G  E  O  P  F  T  R
M  G  S  J  F  N  M  L  E  W  E  J  P  T  E
T  G  Q  V  M  P  H  S  L  D  P  P  U  S  P
```

JACKPOT	**JOKE**
JAPAN	**JOWL**
JAPE	**JOYFUL**
JAZZ	**JUDGE**
JEALOUSY	**JUDGMENT**
JEANS	**JUNCTION**
JEWEL	**JUNE**
JIFFY	**JUNK**
JILT	**JURY**
JOIN	**JUSTICE**

54 WORDSEARCH

```
D  E  Z  A  D  J  W  I  A  L  R  S  K  A  A
P  F  A  N  F  A  I  R  Y  T  Z  Y  R  H  U
U  R  L  I  Y  P  I  A  S  S  E  K  O  A  A
R  A  P  S  L  A  R  G  E  L  E  A  F  Z  J
P  W  I  E  H  N  O  A  L  A  R  C  T  I  C
L  D  N  L  H  E  U  O  P  B  T  M  A  R  B
E  N  E  A  O  S  W  T  A  R  O  S  O  P  G
V  H  R  E  B  E  M  L  D  O  Y  N  L  E  V
M  N  O  R  T  H  E  R  N  C  U  O  I  O  C
T  V  T  O  A  D  R  L  F  K  T  W  Y  U  U
S  P  P  B  N  S  I  L  V  E  R  Y  S  D  V
R  H  M  A  R  G  I  N  A  T  E  I  B  U  R
T  H  C  Q  H  S  I  T  T  O  C  S  U  T  A
I  W  Z  T  A  N  Y  Q  L  K  N  L  R  K  U
O  M  Q  Y  L  A  G  I  S  Q  O  I  U  F  I
```

ALPINE	MARGINATE
ANISE	MOONLIGHT
ARCTIC	NORTHERN
BOREAL	PURPLE
CANDELABRA	ROCK
CUSICK'S	SCOTTISH
DWARF	SILVERY
FAIRY	SNOWY
JAPANESE	WAYSIDE
LARGELEAF	YELLOW

```
Y T K D M M R R M S W O U R T
T V S Z T R U M R J H B M U Y
X Z M A E L O E O F U S A A P
P D X S M I P T T I R R E T H
C A F D P G N Z S R R S A K O
I Y U U E H W P L E I R E I O
D A C O S T O P I S C W O T N
U R G L T N D V A T A I G O C
S J A C O I O A H O N N T R S
T R L Z E N K W M R E D S N Q
D Y E T Z G E Q S M O S L A U
E J P I O I T I A T E T L D A
V G H K D E L U G E O O O O L
I H S L I X I B O X C R N O L
L R O C E A N S T O R M M N K
```

BLIZZARD	**ICE STORM**
CLOUDS	**LIGHTNING**
CYCLONE	**OCEAN STORM**
DELUGE	**RAIN**
DOWNPOUR	**SNOWSTORM**
DUST DEVIL	**SQUALL**
FIRESTORM	**TEMPEST**
GALE	**TORNADO**
HAILSTORM	**TYPHOON**
HURRICANE	**WIND STORM**

```
J X A P O T J O J G E B P W H
C T R E V L A C E G R O E G R
O N N E E D R E B A T L S C S
L O B E L A I R I O Z D O A O
U M S T M R U I M T W L L M J
M D Q M A N N A P O L I S B D
B E W U S A C X L O S N E R E
I I H W T R T J A B W E L I N
A P I T I R O C U P A S P D T
T C T V B S T R R W L T A G O
K K E S S T Y E E Y D A M E N
Q R O C K V I L L E O T Q Y G
I H A B A L T I M O R E R S A
S R K A A H L K A A F T T W T
T L A F C I S X R K P C X X Y
```

ABERDEEN

ANNAPOLIS

BALTIMORE

BEL AIR

BOWIE

BRUNSWICK

CAMBRIDGE

COLUMBIA

DENTON

GEORGE CALVERT

LAUREL

MAPLE

OLD LINE STATE

PIEDMONT

POTOMAC RIVER

ROCKVILLE

SALISBURY

WALDORF

WHITE OAK

WYE OAK

```
J P Z F A L A F E L T A W C W
A I I U L X O R N Z A R V G S
P L D K G R L C I U C S Y F X
A A A L M C F O T T O S I R O
E F K S A S H I U Q S F C I M
L T S O T P R O O U W O W T C
L S A T R U R O P E U N V T M
A M U T I A A S S S D E E B
P H E U B H G S C A U U A R K
V B R I P G O O X D C E T Q R
A C K C A A U Z U I W T Y X K
T R R S G S T A L L I T R O T
U E A O P P E T E L V S F U F
S P U R Y S E L P A M T R Q T
R E T P O L E N T A A P S L B
```

CHOP SUEY

COUSCOUS

CREPE

FALAFEL

FONDUE

FRITTER

KOFTA

MAPLE SYRUP

PAELLA

PAKORA

PILAF

POLENTA

POUTINE

PROSCIUTTO

QUESADILLA

RAGOUT

RISOTTO

SAUERKRAUT

TACOS

TORTILLA

A	E	E	X	H	Z	I	D	L	O	E	U	E	U	Q
I	E	C	E	E	R	G	T	P	S	A	D	U	A	T
V	V	N	E	D	E	W	S	A	T	L	A	M	L	T
T	S	A	Y	R	L	I	R	D	L	B	A	Z	Y	P
A	R	R	O	D	N	A	H	C	I	Y	F	Q	H	Y
L	V	F	Y	I	Y	N	A	M	R	E	G	N	Z	A
R	C	O	J	R	O	Y	L	I	H	O	R	R	D	W
T	O	Q	D	E	A	Y	B	B	N	I	A	P	S	B
C	Q	M	N	L	R	G	A	D	I	O	D	T	Z	E
V	S	I	A	A	O	P	N	T	E	R	T	Q	I	L
R	F	S	L	N	Y	M	I	U	T	N	H	S	D	A
I	G	L	N	D	I	F	A	D	H	U	M	R	E	R
S	D	X	I	E	E	A	U	S	T	R	I	A	J	U
O	L	A	F	A	U	K	T	L	L	H	E	A	R	S
T	T	Y	E	Q	W	K	T	T	V	Y	B	U	T	K

ALBANIA

ANDORRA

AUSTRIA

BELARUS

CROATIA

DENMARK

ESTONIA

FINLAND

FRANCE

GERMANY

GREECE

HUNGARY

IRELAND

ITALY

LATVIA

MALTA

MOLDOVA

ROMANIA

SPAIN

SWEDEN

```
P A R O C K S T E A D Y M I T
C R M P H R E I M R E A D Y I
U V J E R U T C A D I A N A R
H S A N I N S I D E O U T O H
S B L R S T L B R A T S O O E
O A L O T O Q E Y D I M G B A
M N F A M Y H G O R S S A P R
E G O D A O B N B E S C E H T
B T R P S U T Q R S K Y F A S
O H L N T G Y V B T A D U K O
D E O O I Y I G O H E A V E N
Y D V V M C L Y I G N I Y L F
A R E L E V O L Y L N O S T I
O U H S U U L T V F T O O I R
P M A S T H E B E S T O F M E
```

ALL FOR LOVE
BACK TO YOU
BANG THE DRUM
CHRISTMAS TIME
DIANA
DON'T GIVE UP
FLYING
HEARTS ON FIRE
HEAVEN
HERE I AM

I'M READY
INSIDE OUT
IT'S ONLY LOVE
OPEN ROAD
ROCK STEADY
ROOM SERVICE
RUN TO YOU
SOMEBODY
STAR
THE BEST OF ME

```
N  I  I  T  Z  P  W  E  L  F  E  S  X  R  O
S  A  V  D  I  V  A  D  I  A  R  Y  B  O  I
D  O  R  I  S  R  E  N  E  T  Y  B  E  W  F
E  D  H  A  Z  X  N  F  T  T  M  V  F  E  O
X  A  D  N  N  I  T  S  U  D  V  E  A  K  U
T  V  R  E  D  O  R  O  T  H  Y  W  T  W  X
E  I  B  B  E  D  L  Y  S  L  C  T  A  D  D
R  N  A  S  R  D  A  L  L  I  D  A  N  A  H
Q  A  F  W  M  A  S  W  I  I  P  V  I  W  S
Q  J  F  T  O  M  K  I  P  D  D  S  R  N  U
C  R  V  X  T  O  R  P  L  S  Y  O  D  A  R
L  I  P  D  U  N  C  A  N  S  L  R  V  T  I
P  K  V  A  U  X  N  X  D  W  A  I  N  A  S
H  A  M  N  R  O  A  M  E  K  N  Q  G  F  D
S  C  A  G  D  A  R  R  E  N  T  V  P  T  H
```

DAISY	**DIANE**
DAMON	**DILLON**
DANA	**DONALD**
DARREN	**DORIS**
DAVID	**DOROTHY**
DAVINA	**DRAKE**
DAWN	**DUNCAN**
DEBBIE	**DUSTIN**
DERMOT	**DWAIN**
DEXTER	**DYLAN**

```
Y S E A G G E R O R P C O T J
A T Q K I N G S T O N J O R Z
B O B L A V P O R T M A R I A
O L X T D L B O B M A R L E Y
G C U Z R A B T R O P I C A L
E Z N E A E S N G T A Y N B T
T U N I L F V T A Y R S T O T
N S A S P A N I S H T O W N T
O A E L Y L G O R C O F Y O B
M I B A Q M F O P K T Y A A N
A N B N A O X E O O C A N I L
S B I D E U S W F N I A L K U
M O R A N T B A Y A N P L U C
Z L A S S H A E J A G T R B E
H T C O F F E E S A C K E E A
```

ACKEE

BANANAS

BLACK RIVER

BLUE LAGOON

BOB MARLEY

CARIBBEAN

COFFEE

FALMOUTH

ISLAND

KINGSTON

LUCEA

MONTEGO BAY

MORANT BAY

PORT MARIA

PORT ROYAL

REGGAE

SPANISH TOWN

TROPICAL

USAIN BOLT

YOHAN BLAKE

T	K	I	Z	Y	Z	L	S	A	O	S	A	U	C	U
W	Z	J	P	E	E	L	G	A	E	I	O	A	Q	F
R	A	R	O	R	S	N	I	C	H	W	Y	S	H	S
R	E	E	S	C	I	I	G	B	O	I	N	V	P	B
O	N	Q	S	H	U	R	G	U	Q	O	F	M	P	Q
O	W	U	N	G	L	U	A	D	E	O	T	U	T	P
S	P	A	R	R	O	W	N	I	K	K	E	W	D	P
P	E	I	G	A	E	U	N	T	L	I	R	U	W	W
R	U	L	D	T	A	T	E	G	T	S	G	O	P	S
E	H	L	O	D	A	A	T	U	R	K	E	Y	T	C
Y	A	J	V	I	S	I	V	I	S	O	A	D	U	S
A	O	P	E	T	R	E	L	A	B	C	U	S	N	I
F	P	F	A	L	C	O	N	A	Y	T	A	S	A	F
T	D	T	Q	F	J	O	K	S	F	P	W	R	E	N
O	O	R	K	A	T	X	Y	L	E	A	T	H	R	H

ANHINGA	**ORIOLE**
BITTERN	**OSPREY**
COOT	**PETREL**
DOVE	**QUAIL**
EAGLE	**RAIL**
EGRET	**SPARROW**
FALCON	**STORK**
GANNET	**TURKEY**
GROUSE	**WAGTAIL**
JAY	**WREN**

J	R	J	R	T	X	P	F	J	D	I	M	W	L	R
T	O	S	A	S	L	S	H	O	E	S	P	I	P	B
S	O	C	K	S	D	C	L	P	O	A	J	N	Z	I
K	S	O	S	L	S	T	R	O	H	S	N	G	D	D
I	S	G	E	A	R	R	I	N	G	S	T	S	G	D
S	I	I	S	D	E	V	U	O	U	R	R	Y	K	E
S	J	P	S	N	K	K	I	D	N	E	Y	S	L	C
S	O	R	A	A	A	E	A	V	Z	P	T	Z	U	E
I	H	M	L	S	E	R	S	E	Q	P	Z	F	N	G
X	A	I	G	L	P	L	E	V	G	I	F	I	A	K
R	C	T	P	L	S	W	N	N	L	L	D	W	R	L
O	O	T	I	P	T	A	R	P	I	C	O	Y	A	U
L	H	E	A	D	P	H	O	N	E	S	R	V	L	N
W	R	N	D	R	J	T	K	G	A	C	U	W	E	G
S	R	S	Y	J	U	S	E	L	G	G	O	G	M	S

CLIPPERS

CUFF LINKS

EARRINGS

GLASSES

GLOVES

GOGGLES

HEADPHONES

JEANS

KIDNEYS

LUNGS

MITTENS

PLIERS

SANDALS

SHOES

SHORTS

SKIS

SOCKS

SPEAKERS

TWEEZERS

WINGS

```
T  U  G  J  L  Z  O  E  S  F  M  G  N  A  K
X  B  U  N  S  E  N  B  U  R  N  E  R  A  Q
G  F  R  U  I  I  P  T  T  N  E  M  E  W  O
F  J  L  C  A  N  D  L  E  O  R  R  T  V  D
A  P  H  D  S  O  T  A  B  L  E  T  N  M  C
S  P  O  T  L  I  G  H  T  S  R  L  A  V  A
M  D  M  U  K  P  L  Y  G  E  B  U  L  B  M
L  A  E  X  T  R  L  Y  O  I  L  L  A  M  P
R  E  T  U  P  M  O  C  P  L  L  A  U  R  F
U  G  E  C  L  K  E  W  E  F  R  S  R  S  I
M  I  O  P  H  R  P  P  E  E  S  E  O  E  R
O  C  R  G  L  O  W  W  O  R  M  R  R  U  E
X  S  R  P  C  O  P  A  O  I  I  A  A  O  N
T  T  A  I  J  R  L  T  X  F  M  F  R  T  U
I  U  O  S  N  Q  R  O  X  R  S  T  O  U  S
```

AURORA

BULB

BUNSEN BURNER

CAMPFIRE

CANDLE

COMPUTER

FIREFLIES

FIREWORK

GLOWWORM

LANTERN

LASER

LAVA

LIGHTNING

MATCH

METEOR

OIL LAMP

SPOTLIGHT

STARS

SUN

TABLET

```
A C E I J S R Z W V Q R I R E
U E F M L Z A T O Z C U N X A
L T E A I A Y S X P V S U D A
L U S X X Q A P L E D L P G I
M X X E T P T M I X T U R E L
A E E U A R N A A N E G Y X O
Y D X P R A A X U E L J W X Z
L O H P R Y T I X D P T F Y H
I C A D L U I M I E U N I L T
L G U G P O B I L X T X X O P
O U S S N G R P I A X Q A P I
C D T A R I O E A L E R T H S
A J Q A E E X P R E S S I O N
F T P E C X E O Y R I P O N V
U B R O N A T K B A A Z N E L
```

AUXILIARY

BOXING

EXAM

EXCEPT

EXHAUST

EXORBITANT

EXPLORE

EXPRESSION

EXTRA

EXULT

FIXATION

LUXURY

MAXIM

MIXTURE

OXYGEN

RELAXED

SEXTUPLET

TEXT

TUXEDO

XYLOPHONE

R	F	R	P	S	B	C	T	H	W	H	A	A	A	Q
Y	M	E	E	W	A	E	R	N	Y	J	N	I	Y	E
L	V	S	X	V	R	M	O	L	I	I	T	S	L	T
R	U	J	F	O	O	T	P	R	I	N	T	J	I	H
D	F	E	A	N	I	R	D	L	A	R	O	A	F	R
N	A	P	U	W	S	P	A	C	E	S	U	I	T	A
A	P	P	Q	N	U	N	V	I	R	S	C	Q	O	V
C	O	N	R	A	D	U	K	I	T	P	H	M	F	O
R	L	T	H	I	X	V	I	L	C	P	D	I	F	J
A	L	H	N	Q	S	A	U	U	A	W	O	S	E	P
T	O	G	B	E	A	N	F	P	P	W	W	S	L	V
E	T	I	T	H	A	O	J	A	S	P	N	I	U	U
R	T	L	I	R	F	H	C	N	U	A	L	O	D	W
Y	R	F	C	O	N	T	R	O	L	J	R	N	O	U
Y	R	L	J	E	Q	H	I	C	E	A	L	L	M	M

ALDRIN	LAUNCH
APOLLO	LIFT-OFF
BEAN	LUNAR
CAPSULE	MISSION
CONRAD	MODULE
CONTROL	MOONWALK
CRATER	ROVER
FLIGHT	SAMPLES
FOOTPRINT	SPACESUIT
LANDING	TOUCH DOWN

```
T  T  A  L  I  Y  L  U  C  Y  G  R  A  Y  I
B  D  D  A  Q  D  D  J  R  O  X  F  M  E  W
Y  V  M  F  I  T  E  A  G  S  A  S  E  N  S
I  V  O  O  S  I  S  Y  Z  R  G  O  M  B  L
N  E  N  R  Y  T  I  L  E  D  I  F  O  Y  I
V  Y  I  E  W  W  D  W  V  C  O  O  R  E  D
A  U  T  S  O  D  E  T  O  D  U  T  Y  C  O
M  B  I  I  Y  L  R  A  Y  T  E  Y  A  N  F
I  E  O  G  L  Z  I  S  R  B  A  A  R  A  F
C  G  N  H  O  I  A  P  E  E  L  S  O  T  A
H  G  O  T  X  R  B  G  Y  C  S  K  I  N  D
A  A  I  M  A  D  O  A  L  F  G  E  T  E  D
E  R  M  S  W  E  H  T  T  A  M  T  V  P  I
L  S  O  S  U  T  J  I  U  U  C  C  T  E  W
S  C  S  L  E  R  T  S  N  I  M  H  Q  R  N
```

A FAREWELL	LUCY GRAY
A SKETCH	MATTHEW
ADMONITION	MEMORY
BEGGARS	MICHAEL
DAFFODILS	MINSTRELS
DESIDERIA	MUTABILITY
DION	ODE TO DUTY
FIDELITY	REPENTANCE
FORESIGHT	TO SLEEP
LAODAMIA	WE ARE SEVEN

```
R  B  H  B  A  M  B  O  O  S  H  O  O  T  S
A  G  C  K  W  F  E  E  B  O  T  U  W  O  L
A  C  A  C  E  C  A  R  R  O  T  S  Y  F  S
U  L  N  N  O  I  N  O  N  E  E  R  G  U  L
E  H  I  L  M  R  S  E  L  D  O  O  N  O  N
P  R  P  E  L  P  P  A  E  N  I  P  M  C  U
K  K  S  M  O  O  R  H  S  U  M  X  H  H  R
Y  B  A  B  Y  C  O  R  N  A  B  I  T  I  S
R  U  X  T  I  T  U  C  Z  W  C  S  D  L  H
T  R  C  X  P  O  T  R  B  K  C  E  B  I  I
J  N  E  C  U  A  S  R  E  T  S  Y  O  E  R
U  E  L  P  R  A  W  N  S  G  S  Z  K  R  K
T  A  E  L  O  X  L  R  L  P  N  A  I  W  V
M  I  R  H  J  R  T  I  R  V  F  I  S  O  M
S  P  Y  Y  Y  B  K  A  I  Y  A  R  G  T  T
```

BABY CORN	**KALE**
BAMBOO SHOOTS	**MUSHROOMS**
BEAN SPROUTS	**NOODLES**
BEEF	**OYSTER SAUCE**
CARROTS	**PINEAPPLE**
CELERY	**PORK**
CHICKEN	**PRAWNS**
CHILI	**SOY**
GINGER	**SPINACH**
GREEN ONION	**TOFU**

```
X K G I Z H Z L Y D U T S L S
S Y K D O C T O R A T E U I J
R R P I R O S S E F O R P B X
O O S R R A C A D E M Y M R I
T T T A E M O D U L E S A A S
C A A C N S P B E E T U C R R
O R L L U N I V E R S I T Y K
R O E A O R B D L T T R T G C
P B C I P Q T P E Z I U U A O
T A T W T I C S P N U H J O K
T L U P S P C W N P T O W I C
Y R R T N E M N G I S S A U X
Z S E E R G E D I R Y O L V N
A T R N A M H S E R F B W Z R
E P E U G O G A D E P U J I L
```

ACADEMY
ASSIGNMENT
CAMPUS
COURSE
DEGREE
DOCTORATE
FRESHMAN
INSTRUCTOR
LABORATORY
LECTURE

LIBRARY
MODULES
PEDAGOGUE
PRESIDENT
PRINCIPAL
PROCTOR
PROFESSOR
STUDY
UNIVERSITY
WHITEBOARD

```
U  H  A  P  P  Y  E  A  S  T  E  R  T  U  W
E  O  H  J  U  S  T  B  E  C  A  U  S  E  B
Y  O  Y  N  E  W  H  O  U  S  E  H  J  V  A
T  A  A  F  Y  I  T  I  L  Y  L  A  W  O  R
N  M  D  F  O  T  L  L  A  B  Y  P  I  L  M
O  O  M  S  U  G  P  A  W  A  A  P  T  H  I
I  S  O  R  R  Y  N  W  V  B  D  Y  H  T  T
T  T  T  S  E  E  T  I  R  W  S  B  S  I  Z
A  H  H  B  L  R  H  D  K  E  T  I  Y  W  V
U  A  E  A  E  L  A  T  R  N  N  R  M  P  A
D  N  R  P  A  B  E  V  A  S  I  T  P  F  H
A  K  S  T  V  M  A  W  O  F  A  H  A  G  T
R  Y  D  I  I  A  L  I  T  R  S  D  T  C  S
G  O  A  S  N  B  O  J  W  E  N  A  H  R  T
H  U  Y  M  G  O  T  R  R  S  G  Y  Y  S  D
```

BAPTISM

BAR MITZVAH

DIWALI

FATHER'S DAY

GET WELL SOON

GRADUATION

HAPPY BIRTHDAY

HAPPY EASTER

JUST BECAUSE

MOTHER'S DAY

NEW BABY

NEW HOUSE

NEW JOB

SAINT'S DAY

SORRY

THANK YOU

THINKING OF YOU

WITH LOVE

WITH SYMPATHY

YOU'RE LEAVING

X	S	U	O	A	L	V	C	A	R	I	B	O	O	R
H	Q	W	W	A	K	K	U	T	I	Z	L	Z	Z	E
H	T	R	E	E	G	N	A	R	T	L	A	S	Z	R
I	E	O	S	G	G	E	U	B	A	F	F	I	N	J
N	A	B	T	J	S	N	J	B	A	L	E	E	V	P
D	P	R	A	D	H	Z	A	G	R	O	S	R	X	E
U	E	S	H	P	V	R	J	R	O	C	K	Y	S	T
K	N	W	G	K	A	T	I	B	E	S	T	I	P	T
U	N	Y	N	C	V	S	A	Y	A	L	A	M	I	H
S	I	E	R	R	A	M	A	D	R	E	T	X	A	U
H	N	W	E	S	T	E	R	N	G	H	A	T	S	S
S	E	U	T	I	L	S	S	R	W	T	N	X	A	R
V	S	R	S	Q	A	G	M	Q	N	N	D	C	E	B
A	T	I	A	N	S	H	A	N	P	S	E	S	H	M
R	R	L	E	P	O	M	U	A	L	A	S	P	Q	T

ANDES

APENNINES

ATLAS

BAFFIN

BALE

BATTLE RANGE

CARABALLO

CARIBOO

EASTERN GHATS

HIMALAYAS

HINDU KUSH

PARE

ROCKY

SALT RANGE

SIERRA MADRE

TIAN SHAN

TIBESTI

URALS

WESTERN GHATS

ZAGROS

```
A E K U A A I S O G X W B U R
D O O S O T U T C F X A A N R
O R X P B F T O I L S V I T I
S Y H A J R R O T E P T S O T
C P K O L U C T S W R U P U L
I H R S B I K H S I E R V C H
T S L T E T C P C S R E I O X
S C D O E J I A W A K T N R G
U A C R R U C S C C R A E R X
A L O O G I S T A I V W G O U
C E O T D C C E C D D E A S L
C O F F E E S A L T S M R I R
V S B O R I C A C I D I I V U
T A C E T I C A C I D L Y E N
H V M N D Y Q C T T D C I R Q
```

ACETIC ACID

BASES

BEER

BORIC ACID

CAUSTIC SODA

CHLORIC ACID

CITRIC ACID

COFFEE

CORROSIVE

FRUIT JUICE

LEWIS ACID

LIMEWATER

LYE

NITRIC ACID

OXALIC ACID

PH SCALE

SALTS

SOAPS

TOOTHPASTE

VINEGAR

```
O  A  R  M  O  T  Y  N  T  G  S  K  S  K  M
R  W  U  E  L  I  F  D  R  H  O  P  E  S  J
K  T  I  L  W  C  L  O  S  E  T  A  S  O  B
G  R  N  T  A  A  B  O  X  H  R  U  B  Q  U
F  Y  A  T  U  B  R  R  X  V  O  W  O  O  U
L  B  O  O  K  I  A  D  E  T  A  P  S  M  P
O  R  S  B  K  N  U  R  T  O  N  T  S  B  E
W  N  R  E  Y  E  A  F  K  P  D  R  S  T  D
E  L  E  V  A  T  O  R  D  I  U  Y  M  R  R
R  J  F  R  W  L  T  I  I  P  Y  D  O  U  Y
I  C  A  A  W  I  N  D  O  W  A  D  T  A  L
U  C  S  R  Z  F  R  G  S  H  I  X  J  R  H
Q  S  L  S  E  T  A  E  A  D  Z  R  G  K  D
E  O  B  A  M  O  D  H  B  S  J  C  P  J  T
P  N  K  R  R  X  Q  I  I  R  O  X  U  O  L
```

BOOK	**FLOWER**
BOTTLE	**FRIDGE**
BOX	**JAR**
CABINET	**LIFT**
CLOSET	**MOUTH**
DOOR	**SAFE**
DRAWER	**SHOP**
ELEVATOR	**TAP**
EYE	**TRUNK**
FILE	**WINDOW**

```
T  R  M  S  V  F  F  U  T  K  J  Q  V  U  V
Z  A  T  A  N  G  E  R  U  Z  N  T  X  K  N
Z  S  N  E  K  L  I  E  I  S  R  A  Y  Q  V
K  C  C  W  O  R  R  Y  S  S  T  T  U  O  A
I  O  O  O  V  X  G  C  A  P  H  H  T  A  P
I  N  A  N  G  U  I  S  H  J  A  O  V  P  L
S  F  T  D  C  R  G  U  I  L  T  S  C  L  V
L  U  T  E  D  E  S  P  A  I  R  B  O  K  O
O  S  L  R  R  D  R  D  M  P  E  V  O  L  M
A  I  Y  D  J  E  A  N  O  A  D  A  S  I  Z
S  O  R  R  O  W  S  A  D  N  E  S  S  J  J
A  N  X  I  E  T  Y  T  E  I  C  E  A  Y  S
R  U  R  A  I  J  C  K  R  C  R  A  E  F  Y
E  S  M  P  G  K  L  Y  O  Y  P  T  V  O  I
W  Y  R  L  Y  O  L  M  B  U  A  P  I  G  E
```

ANGER	HATRED
ANGUISH	INTEREST
ANXIETY	LOVE
BOREDOM	MISERY
CONCERN	PANIC
CONFUSION	SADNESS
DESPAIR	SHOCK
FEAR	SORROW
GRIEF	WONDER
GUILT	WORRY

```
P R U G F J A N E H E A L S H
H E L E N B E E B E E Y L S E
I V O A H Z N A B B D A E A L
L A N N G A R R Y I I R T M O
I K L N R A W W A Z T G S E I
P I I C T Z T G L Y H H A L S
P T E U Q S O O Z A S P Y I E
A T W D D E O L Q W T P R S P
F A E D H V C A E N E U A S T
O Y N R R D N C P O I E M A I
O M O U C S I R H C N U I A P
T A M Y A L L E N E R T A H H
G A I L F I N E U N E S I S T
A O S A A Y N R A N D Z W O N
T M K C A Z I M O A N T J N N
```

AMY ALLEN	**HELEN BEEBEE**
ANN CUDD	**HÉLOÏSE**
ANN GARRY	**JANE HEAL**
ANNE CONWAY	**LEONTION**
AYN RAND	**LYDIA GOEHR**
BAN ZHAO	**MARY ASTELL**
CHRIS CUOMO	**MELISSA**
EDITH STEIN	**NAOMI ZACK**
EVA KITTAY	**PHILIPPA FOOT**
GAIL FINE	**SIMONE WEIL**

```
Z Y C Y A L P L S M D J S P B
M A C K E R T D B P A X D X T
E E K C P Z L Z T A R S O S A
C B L A Y B A C K V C A R V E
J I U B E V I D K C U D Y E A
D F Z T U R T L E R O L L I J
A J A U Y I B S I B A R R E L
R L U C L P P T R P W W A X I
G T O J E T G W N U B T N R A
H S I O A I V Y I I I Y G P R
U T Z P S D Z T F V O I R F A
F B O P H E S N O L M P R G J
B L L D U P H Q E A Y R A R G
V R R L U S C A S I I I L A L
U U U C A C S Z W D I I T D W
```

AIR

BARREL

CARVE

CUTBACK

DUCK DIVE

FACE

FIN

GNARLY

LAYBACK

LEASH

LIP

LOOSE

MACKER

POINT BREAK

RAIL

RIPTIDE

SPRAY

TUBE

TURTLE ROLL

WAX

```
Y  N  M  R  R  I  Z  H  H  B  H  Y  D  B  Y
N  M  R  R  V  M  Z  T  O  M  I  F  L  L  V
R  R  O  I  L  S  J  P  Q  F  T  Q  O  N  C
T  F  J  B  R  R  T  T  L  K  T  J  A  A  V
A  E  P  J  S  U  M  P  W  U  P  T  D  U  M
O  N  R  A  B  O  V  E  E  D  G  A  M  N  E
A  U  G  U  S  T  Q  C  R  L  P  U  I  T  Y
R  O  N  E  M  V  J  C  P  T  U  T  R  T  T
R  K  I  I  L  K  S  A  R  A  B  L  E  F  O
I  J  Z  A  S  S  E  S  S  Z  K  A  K  O  F
V  J  A  W  E  S  O  M  E  A  W  A  Y  T  S
E  R  M  R  T  T  A  B  I  L  I  T  Y  U  A
A  A  A  C  C  U  R  A  T  E  E  X  N  T  A
R  W  X  K  I  L  U  F  W  A  E  G  P  R  P
A  P  T  W  T  A  R  I  B  A  T  T  A  C  K
```

ABILITY	ARRIVE
ABOVE	ASSESS
ACCEPT	ATTACK
ACCURATE	AUGUST
ADAPT	AUNT
ADMIRE	AWARE
AGELESS	AWAY
AMAZING	AWESOME
ANGEL	AWFUL
ARABLE	AZALEA

```
P  M  D  T  A  I  M  R  O  F  I  N  A  C  V
O  G  R  I  Z  Z  L  Y  M  A  M  M  A  L  S
B  L  N  N  R  A  E  B  N  U  S  U  R  N  N
T  U  A  I  F  A  P  D  I  U  E  S  M  T  O
B  R  S  T  M  S  S  I  V  S  A  A  P  T  U
L  S  C  D  A  M  Q  M  O  H  K  D  P  S  T
A  I  L  U  E  L  I  I  R  A  S  A  O  F  W
C  D  A  O  Q  P  T  W  E  G  S  P  L  O  R
K  A  W  O  T  M  U  X  S  G  A  T  A  V  Z
B  E  S  S  L  H  N  R  W  Y  S  A  R  W  A
E  E  E  P  C  U  B  S  D  H  I  B  B  A  S
A  M  A  V  U  L  N  E  R  A  B  L  E  V  L
R  A  E  B  S  A  L  T  A  I  U  E  A  J  S
S  B  R  O  W  N  B  E  A  R  S  Q  R  J  A
T  P  R  O  S  I  Z  F  R  O  U  U  V  B  I
```

ADAPTABLE	PAWS
ATLAS BEAR	POLAR BEAR
BLACK BEAR	QUADRUPEDS
BROWN BEAR	SHAGGY HAIR
CANIFORMIA	SLOTH BEAR
CLAWS	SNOUT
CUBS	SUN BEAR
GRIZZLY	SWIMMING
MAMMALS	URSIDAE
OMNIVORES	VULNERABLE

```
R A A D Z M E R R Y H U L L S
A N N A S U I Q D U J R A C N
L J F M L R M T N Z E L C H T
P A X I E N R T U I S E U R E
H R N C I A E A N S S D O R I
L E O H R R M K A A I K R M I
A D T A B A U A N F C R O A J
U G S E M K R T N E A V F T O
R O L L A A I H E T R E M U N
E L A K K N E Y K S E R O O V
N D H O O N L K L N Y A T B I
R A Z R O O K E E E T W T Y S
D W I S F D I M I W U A U I J
H C V T A S N P N G J N I U F
E A L A D Y G A G A M G Z C L
```

ANNA SUI

ANNE KLEIN

CHROMAT

DONNA KARAN

GWEN STEFANI

HALSTON

HUNTER BELL

JARED GOLD

JESSICA REY

KAMBRIEL

KATHY KEMP

LADY GAGA

MERRY HULL

MICHAEL KORS

MURIEL KING

RALPH LAUREN

SANTINO RICE

TERI JON

TOM FORD

VERA WANG

80 WORDSEARCH

```
O D N V D J R V C P O W Z N A
X L A E E G L O R I O S A C M
E D Z R T S U N S H I N E C D
Y A I N N S Z F G A N S C A L
E H N O I H U C E U U U H C K
L L N N A A L U R N L L I I E
S I I I P S U F B E B I N S R
L A A A T T P U E E B G A P W
R F Q L E A R Y R I F Q C A N
E L W E R S I G A I B T E N E
I O T A T I N L S P J S A I A
E R T H M I C H A E L M A S T
V E G G R E E N E N V Y A H U
T T P Y G R I N D E L I A G R
C S D T A X N E S I A L F B F
```

COUSINIA

DAHLBERG

DAHLIA

ECHINACEA

FLORETS

GERBERA

GLORIOSA

GREEN ENVY

GRINDELIA

KINGFISHER

MICHAELMAS

OXEYE

PAINTED

SHASTA

SPANISH

SUNBURST

SUNSHINE

VERNONIA

ZINNIA

ZULU PRINCE

```
O  W  T  R  B  L  V  Z  T  I  H  R  R  B  Y
Q  A  A  W  R  H  P  V  Y  H  B  O  R  L  Y
N  T  D  G  E  L  D  I  N  G  U  P  P  A  C
T  A  O  A  C  V  R  I  V  L  T  S  D  D  O
A  R  V  N  I  U  K  D  S  M  A  R  E  W  R
L  Y  T  H  V  B  C  R  P  T  A  E  W  E  W
A  B  G  R  O  I  O  P  L  Q  A  K  N  I  X
H  T  N  T  N  W  D  E  A  F  J  N  H  G  Q
S  D  I  L  T  U  D  R  C  U  U  I  C  H  L
V  B  O  O  K  M  A  K  E  R  V  L  T  E  Z
T  T  G  C  M  M  P  M  T  L  E  B  U  D  F
S  I  M  A  I  D  E  N  A  O  N  L  A  I  N
R  M  Q  R  M  R  O  F  I  N  I  E  I  N  P
B  U  M  P  E  R  Z  X  E  G  L  Y  M  M  O
T  X  K  S  F  E  T  P  G  K  E  U  R  W  T
```

BLINKERS	HEAVY
BOOKMAKER	JUVENILE
BUMPER	MAIDEN
COLT	MARE
DISTANCE	MILER
FORM	NOVICE
FRONT RUNNER	ODDS
FURLONG	PADDOCK
GELDING	PLACE
GOING	WEIGHED IN

```
L  C  G  D  E  S  I  G  N  E  R  D  C  U  U
P  O  N  Q  N  R  C  O  N  T  R  A  C  T  Q
P  P  T  P  I  R  C  S  U  N  A  M  Y  R  C
T  Y  R  L  L  M  U  P  K  A  R  P  I  O  M
P  R  I  N  T  R  U  N  U  K  E  S  N  Y  Y
Y  I  M  G  I  E  X  T  Y  S  F  T  D  A  K
J  G  S  X  D  S  H  C  E  N  R  V  E  L  J
I  H  I  A  E  O  L  T  J  I  W  S  X  T  A
G  T  Z  I  R  O  T  U  B  I  R  T  S  I  D
P  J  E  Q  C  I  T  U  B  L  U  R  B  E  V
F  A  G  E  N  T  T  I  J  H  E  E  P  S  A
C  V  X  G  F  O  O  T  N  O  T  E  S  Q  N
O  N  P  A  R  O  T  I  D  E  E  D  D  C  C
Y  Y  H  A  Q  X  S  K  A  R  R  B  S  I  E
F  A  L  A  A  O  T  S  E  O  W  W  J  R  S
```

ADVANCE	DESIGNER
AGENT	DISTRIBUTOR
AUTHOR	EDITOR
BLEED	FOOTNOTES
BLURB	INDEX
CMYK	MANUSCRIPT
CONTRACT	PRINT RUN
CONTRIBUTOR	ROYALTIES
COPYRIGHT	TRIM SIZE
CREDIT LINE	TYPESETTING

```
O E R O P L K S K P T M N X C
G L A S S E S X E T D A Z I A
F L C H Y N F T Y C H P G E F
O H E T R O P S S A P A K P R
V V R E H H W N D T R N T A L
O H Y K L P Q O I E U S S I T
U R A C S L X I T D K G S F R
C R T I V L V T P I E C E R O
H G S T R E E C O I N S H O T
E P E K L C R E D I T C A R D
R E T H G I L R H J P Q R I T
A N O D R R L I P A P U Z D D
M C N O A U G D P B E S U O R
J I X I L C H E W I N G G U M
Y L L I M E R G E V S O R Q U
```

CELL PHONE	LIGHTER
CHEWING GUM	NOTES
CIGARETTE	PAPER
COINS	PASSPORT
CREDIT CARD	PENCIL
DIRECTIONS	PENS
GLASSES	RECEIPT
HAIR CLIP	TICKET
HAT	TISSUE
KEYS	VOUCHER

84 WORDSEARCH

```
D G J A S M I N E F Y P S R D
R S N E I T A P M I U A T G R
S G L U W P B N O X A L I S F
G O Q T G E R A N I U M V S I
A R E V E O L A X H I P Y P R
R M K B A M B O O P A L M F E
D O A S P I D E R P L A N T W
E R L R F A P M S C Y N U G Y
N L A I Y G Y T L C H T T A N
I J N C Z L L O D A N I H C O
A S C M A I L R H C P W D I Y
P C H C Q E A I F T S Y W S Q
C R O T O N N E S U G V D U I
S U E O S R N A C S E F A A O
A P A S S I O N F L O W E R L
```

ALOE VERA

AMARYLLIS

BAMBOO PALM

CACTUS

CHINA DOLL

CROTON

DRACAENA

GARDENIA

GERANIUM

HOYA

IMPATIENS

IVY

JASMINE

JEWEL ORCHID

KALANCHOE

LADY PALM

OXALIS

PALM PLANT

PASSIONFLOWER

SPIDER PLANT

```
G Y O T B O S N R L R R R O U
O T V E A V R P U A O A M M E
V T F K Z A P N R S L G A A Y
R U G F P E E A P E I A S N G
E C E R F G D F S R E I K I I
V S J H A A I B X E T B S C P
J A K B R S C R S H O T T U B
T H R E E S U O J I Y W M R J
V T L Y P A R W D E E W A E S
B A C W M M E T B F J L K X B
X B N M A Y I I A A M A E T S
F I Z U P C T N A C L Z U P C
A T K V A H O T O I L J P S R
F W U L G S T U A A O Z D D U
Z J M C S N L Z B L P U L P B
```

BATH

BROW TINT

CALM

FACIAL

HOT OIL

HOT TUB

LASER

MAKEUP

MANICURE

MASK

MASSAGE

PAMPER

PEDICURE

REIKI

RELAX

SAUNA

SCRUB

SEAWEED WRAP

STEAM

WAX

```
S  S  B  R  I  D  G  E  L  O  A  N  T  P  C
S  R  O  T  N  A  R  A  U  G  C  T  R  H  O
S  E  M  X  T  N  E  M  T  R  A  P  A  I  P
C  A  P  P  E  D  R  A  T  E  P  I  C  L  O
R  E  M  O  R  T  G  A  G  I  N  G  K  M  F
A  E  K  P  E  D  O  N  G  T  I  D  E  R  C
D  O  T  H  S  D  E  P  A  Q  R  T  R  X  T
V  F  J  A  T  T  E  P  D  O  M  T  U  V  I
I  N  T  E  R  E  S  T  O  N  L  Y  J  N  E
S  A  W  Q  A  D  U  R  O  S  D  E  O  B  S
E  D  I  U  T  B  E  D  A  I  I  H  M  R  U
R  K  A  I  E  O  Q  X  T  O  T  T  E  O  O
O  W  R  T  I  Z  I  L  I  G  X  D  E  K  H
D  S  T  Y  P  T  E  S  F  F  O  B  Q  E  S
O  R  T  D  J  L  Y  R  Y  P  H  M  L  R  P
```

ADVISER	FIXED RATE
APARTMENT	FLAT
BRIDGE LOAN	GUARANTOR
BROKER	HOME LOAN
CAPPED RATE	HOUSE
CHAIN	INTEREST ONLY
CREDIT	INTEREST RATE
DEBT	OFFSET
DEPOSIT	REMORTGAGING
EQUITY	TRACKER

```
W  S  M  U  I  A  A  S  S  U  K  C  U  H  C
I  T  I  Q  A  X  T  W  P  T  T  O  R  C  L
I  Y  N  K  R  M  A  L  L  E  T  R  E  R  A
L  T  Q  I  B  N  T  A  A  N  M  N  Z  A  M
A  E  T  C  O  Y  I  V  N  O  R  I  G  S  P
T  B  I  K  R  J  C  A  E  N  A  C  K  R  D
H  B  R  B  D  F  E  R  R  U  L  E  H  T  T
E  A  H  A  S  G  Q  L  X  G  P  U  G  U  L
A  R  D  C  S  N  D  I  D  L  J  T  U  L  B
C  O  T  K  U  I  V  C  H  I  S  E  L  O  L
L  E  E  V  R  F  V  M  M  G  R  G  L  U  E
A  R  E  L  J  F  A  E  T  L  S  B  E  R  F
S  I  S  G  E  U  E  R  A  J  I  L  T  C  S
J  P  R  H  U  B  N  L  U  K  A  J  U  X  H
A  I  D  M  Y  A  P  F  L  Z  A  A  E  I  P
```

ABRASIVE	FERRULE
ARBOR	GLUE
AWL	GRAIN
BRIDLE JOINT	GULLET
BUFFING	KICKBACK
CHISEL	LATHE
CHUCK	MALLET
CLAMP	PLANER
CORNICE	RABBET
DADO	TENON

```
C P Z R M Z U C K P B E W T X
W O T W A S B A R C I D G M V
G R M A N A T E E P S S V B T
T P E L T S N I U G N E P R E
L O S E A L I O N S N K A M S
W I Y O R C P J O G U O M L I
U S A D A F O L H L R O G F S
J E L L Y F I S H Q T A H U S
E A S U P Y T A L P U D Y E D
S E E R I S U P O T C O S W I
C T L B O X F I S H U L L R U
J S T S Z H P U M I L P B P Q
L A R J S T A R F I S H S T S
U L U A A A G E G R Y I P M P
E B T S H A R K S S R N V B U
```

BOXFISH

CRABS

DOLPHIN

DUGONG

EELS

JELLYFISH

MANATEE

MANTA RAY

OCTOPUS

PENGUINS

PLATYPUS

PORPOISE

SEA LIONS

SEAHORSE

SEALS

SHARKS

SQUID

STARFISH

STINGRAY

TURTLES

```
N D R S N Z B K R B U L K Y P
V P P J E C L O W N I S H B U
G A U C H E P T G M R V R U P
Q P B L W D R A W K W A L M A
R L U U G N I T L A H R A B G
Y U N M A N A G E A B L E L B
E M W S L D E O E A A V S I I
L B I Y H O Q L B D R T S N W
B E E P O N D E R O U S E G T
A R L H A R Q O T M L P L S M
N I D S N J I U B R T D E R J
U N Y G L T B L W R Q H C P A
Z G A B G N I L G N U B A V Y
E Z Q J I N E X P E R T R P J
R W E I G H T Y O C Y O G F N
```

AWKWARD

BULKY

BUMBLING

BUNGLING

CLOWNISH

CLUMSY

GAUCHE

GRACELESS

HALTING

INEPT

INEXPERT

LUMBERING

MALADROIT

PONDEROUS

STUMBLING

UNABLE

UNGAINLY

UNMANAGEABLE

UNWIELDY

WEIGHTY

```
X  E  P  B  L  D  T  C  B  R  C  I  A  R  R
Q  X  D  A  T  E  U  N  R  G  E  Y  Q  Q  L
X  D  E  C  A  P  O  D  A  N  A  A  R  I  C
V  A  C  G  C  A  N  R  X  I  C  O  O  A  B
W  M  I  I  T  R  E  O  L  C  F  W  T  U  F
P  A  M  S  U  T  T  P  U  N  B  E  P  T  K
O  G  A  F  J  A  D  P  L  A  K  D  D  N  L
A  E  L  S  P  E  V  I  R  D  V  E  A  A  G
R  I  L  R  M  D  I  N  O  S  A  U  R  T  T
O  Q  R  O  P  O  S  G  P  I  R  C  K  S  A
W  O  N  O  U  U  W  U  D  R  J  E  N  I  S
G  W  K  D  O  B  O  K  R  A  M  N  E  D  E
L  V  D  R  I  L  L  V  I  H  U  R  S  I  A
Y  E  H  Z  T  E  R  R  N  D  V  T  S  U  D
P  I  A  L  T  R  D  M  K  I  J  T  W  Z  U
```

DAMAGE	**DEUCE**
DANCING	**DINOSAUR**
DARKNESS	**DISTANT**
DATE	**DOORS**
DECAPOD	**DOUBLE**
DECIMAL	**DRILL**
DEFIANT	**DRINK**
DEMON	**DRIVE**
DENMARK	**DROPPING**
DEPART	**DUST**

T	A	D	R	S	R	O	S	H	Q	M	W	G	B	U
S	S	E	R	Y	L	Z	C	J	S	F	N	T	R	L
F	R	B	T	U	F	I	A	E	Q	I	E	L	T	T
U	T	O	O	R	G	E	N	N	S	L	O	N	E	R
W	Y	S	L	W	B	S	R	U	E	P	M	P	A
G	L	J	L	U	U	O	E	Z	U	X	E	H	L	S
G	H	G	L	R	T	R	A	Y	U	R	R	R	P	O
D	M	R	G	W	D	W	F	R	G	J	A	Z	R	U
M	M	E	D	I	C	I	N	E	D	R	T	N	O	N
L	O	S	Y	K	L	Y	N	V	D	P	I	F	C	D
N	A	P	Z	E	Q	C	O	O	R	O	O	M	E	E
U	E	U	S	R	Y	A	C	C	V	A	N	R	D	U
R	R	R	A	P	A	T	I	E	N	T	V	R	U	N
S	V	L	H	Q	O	S	Y	R	I	N	G	E	R	U
E	V	Y	A	R	X	G	L	R	O	P	A	V	E	Z

BED

DOCTOR

DRESSING

DRUGS

EMERGENCY

FILES

INSURANCE

MEDICINE

NURSE

OPERATION

PATIENT

PROCEDURE

RECOVERY

ROOM

SCAN

SURGEON

SYRINGE

TRAY

ULTRASOUND

X-RAY

R	G	N	E	Y	D	D	G	E	R	M	A	N	T	A
E	U	R	O	P	E	A	N	B	E	E	W	O	L	F
P	O	U	J	O	X	O	O	A	H	D	R	R	U	B
A	K	T	S	V	S	Q	M	Q	S	I	D	W	D	B
P	W	R	M	A	A	A	U	P	R	A	I	E	K	U
W	Z	I	M	S	X	I	E	O	F	N	L	G	P	J
O	T	U	F	H	O	R	N	T	A	I	L	I	G	A
T	F	C	V	C	N	V	H	T	L	H	I	A	R	A
F	C	U	C	K	O	O	C	E	E	R	T	N	P	W
D	I	G	G	E	R	N	I	R	P	T	U	L	T	Z
O	S	G	O	N	T	J	S	C	O	M	M	O	N	B
O	A	U	E	T	T	S	E	W	L	I	U	N	P	K
I	T	T	X	A	V	O	W	Z	L	Q	W	D	R	S
E	L	V	N	P	O	A	B	T	E	C	R	T	S	A
O	K	K	P	L	K	E	X	S	N	A	H	G	E	J

COMMON	**MEDIAN**
CUCKOO	**MUD**
DIGGER	**MUTILLID**
EUROPEAN BEEWOLF	**NORWEGIAN**
FIG	**PAPER**
GERMAN	**POLLEN**
HORNET	**POTTER**
HORNTAIL	**SAND**
ICHNEUMON	**SAXON**
MASON	**TREE**

```
R Y Z A M A G N O L I A G T V
A L S D A U Z F I I N G E D A
F U T T O R L W T T R R S M F
S N L E M O N L A V E N D E R
P S L I L Y W B E R R I E S E
I G V A N I L L A D A A S A E
C H E R R Y M Q A I C P R E S
E R G N E O O O I D M I X P I
R I N C I N N A M O N L D T A
G J A P O M E G R A N A T E H
B U R S E Y S A I P H R S E R
T P O D A A L A R P O C Q W O
Q L I J U I C O J L W P G S S
A S V U O S F H S E S H C A E
D N V F C J R U V U Z B T S D
```

APPLE	MAGNOLIA
BERRIES	MULLED CIDER
CHAMOMILE	ORANGE
CHERRY	PEACH
CINNAMON	POMEGRANATE
FREESIA	ROSE
JASMINE	SANDALWOOD
LAVENDER	SPICE
LEMON	SWEET PEA
LILY	VANILLA

```
L  L  P  L  R  B  F  L  A  C  N  V  V  M  Y
O  V  G  Y  O  N  S  B  P  A  L  E  N  A  I
D  C  C  C  E  M  O  B  U  U  M  L  L  I  B
G  H  U  R  T  S  U  L  R  C  I  A  Y  P  A
P  U  T  U  M  A  Y  O  E  A  R  I  A  O  W
A  B  I  C  E  N  V  R  A  U  A  V  A  Y  U
T  U  P  E  U  P  R  I  C  L  P  I  S  T  U
L  T  A  S  T  E  A  N  A  U  Q  D  A  A  E
F  N  Y  J  T  D  A  O  I  S  A  L  M  I  A
M  N  L  G  F  R  M  C  O  M  U  A  F  B  J
A  R  V  Y  T  O  A  O  A  F  D  V  A  V  O
U  T  R  Z  C  S  Z  S  L  E  E  X  L  T  N
P  S  R  M  A  R  O  N  I  S  W  A  S  L  O
U  R  R  J  I  O  N  R  V  E  U  P  B  L  U
T  H  A  D  W  Z  A  R  A  U  C  A  D  E  L
```

AMAZON	**MAIPO**
APA	**MARONI**
APURE	**MIRA**
ARAUCA	**ORINOCO**
CAU-CAU	**PALENA**
CHUBUT	**PUELO**
CRUCES	**PUTUMAYO**
CUTIPAY	**SAN PEDRO**
DAMAS	**TRANCURA**
MADEIRA	**VALDIVIA**

```
U R K P V T R S D I U K P I S
S R J O L E E C U W L A T P A
S P E E C H M H S M O W M N L
X Y O D B O G O T A Y A L Y R
S C L B E P L O U A S R G T A
H E S C A P I L D T Y D R C M
P R O U D P A R E N T S A E O
A T L R P P E R N G O D D R L
R I S S E E S Z T E E O U E P
G F A C U L T Y S M T S A M I
O I D C Q I A O I V E E T O D
T C V I Z R D C E T R N E N J
O A S N U N I V E R S I T Y A
H T A B A A S P P N W O G O H
P E X A C U E Q D E G R E E P
```

ACADEMIC	GOWN
AWARDS	GRADUATE
CAP	MASTERS
CEREMONY	PHOTOGRAPHS
CERTIFICATE	PROUD PARENTS
COLLEGE	SCHOOL
DEGREE	SENIOR
DEPARTMENT	SPEECH
DIPLOMA	STUDENTS
FACULTY	UNIVERSITY

```
U  O  S  P  R  E  Y  F  L  L  E  U  O  C  R
W  X  H  H  V  U  L  T  U  R  E  D  X  Q  S
C  B  O  B  A  L  D  E  A  G  L  E  N  G  K
O  B  B  A  R  R  E  D  O  W  L  T  M  O  E
N  R  B  R  B  P  P  P  E  R  N  U  L  S  S
D  E  Y  K  W  A  H  Y  N  I  T  Y  W  H  T
O  D  T  L  G  T  R  C  E  O  L  N  O  A  R
R  K  S  I  G  R  F  N  J  A  K  J  H  W  E
S  I  O  D  K  G  S  Z  O  T  G  I  C  K  L
B  T  S  H  I  K  R  A  H  W  A  L  E  S  I
W  E  U  F  A  L  C  O  N  S  L  E  E  V  O
L  I  V  A  S  K  W  A  H  S  I  R  R  A  H
F  S  N  O  W  Y  O  W  L  E  K  N  C  P  E
L  P  V  D  R  A  Z  Z  U  B  X  P  S  S  V
A  T  F  P  A  L  N  L  V  A  Y  V  P  T  L
```

BALD EAGLE	**HOBBY**
BARN OWL	**KESTREL**
BARRED OWL	**OSPREY**
BLACK KITE	**RED KITE**
BUZZARD	**SCREECH OWL**
CONDOR	**SHIKRA**
FALCONS	**SNOWY OWL**
GOSHAWK	**TAWNY OWL**
HARPY EAGLE	**TINY HAWK**
HARRIS HAWK	**VULTURE**

```
J  I  T  T  N  E  M  X  U  R  P  L  S  Z  O
R  S  R  Y  H  S  A  U  Q  S  S  V  R  D  R
K  Z  C  H  W  O  Q  U  S  T  N  J  E  R  E
A  D  U  C  T  I  L  E  V  Q  D  J  J  P  W
Y  I  E  L  D  I  N  G  A  K  U  O  L  J  B
F  F  L  E  X  I  B  L  E  Y  R  I  K  L  E
F  N  B  U  T  E  Q  V  R  S  A  K  D  H  N
U  X  A  Q  N  L  H  E  L  B  X  Z  L  G  D
L  A  E  S  E  A  R  T  L  P  M  U  S  H  Y
F  E  L  B  I  S  S  E  R  P  M  O  C  X  V
Z  D  L  T  N  T  P  V  D  U  P  U  L  P  Y
P  N  A  S  E  I  O  M  A  N  R  U  O  Q  U
Q  R  M  F  L  C  N  G  O  O  E  Y  S  R  P
S  I  R  D  O  U  G  H  Y  C  D  T  X  B  O
I  W  S  A  L  A  Y  P  G  E  T  H  J  S  S
```

BENDY

COMPRESSIBLE

DOUGHY

DUCTILE

ELASTIC

FLEXIBLE

FLUFFY

GOOEY

LENIENT

MALLEABLE

MUSHY

PLIABLE

PULPY

SPONGY

SQUASHY

SQUELCHY

SQUIDGY

SUPPLE

TENDER

YIELDING

```
E  R  B  E  R  G  E  N  L  A  T  O  R  I  S
G  E  A  H  X  M  A  S  J  R  T  M  E  S  D
H  P  G  P  O  A  B  L  I  B  B  R  H  Y  Y
B  K  N  G  R  P  H  O  I  E  A  K  S  S  E
A  B  I  U  G  N  A  B  L  C  M  F  C  F  L
C  E  J  S  Z  Y  O  L  P  B  A  K  U  U  W
A  K  I  R  A  B  E  K  B  G  K  B  S  N  G
U  T  E  C  R  V  J  L  I  A  O  A  S  R  A
L  S  B  H  U  B  A  S  E  L  G  T  F  O  B
Z  S  B  E  R  L  I  N  P  K  G  H  E  O  R
S  K  A  E  L  T  B  E  L  G  R  A  D  E  R
A  O  T  E  T  F  R  F  E  O  I  E  V  A  Z
E  P  A  A  R  B  A  N  G  K  O  K  B  S  D
M  A  L  E  B  O  I  S  E  U  Q  T  N  M  I
L  P  A  R  X  M  T  C  T  P  E  A  C  I  P
```

BACAU	**BEIJING**
BAGHDAD	**BELFAST**
BAKU	**BELGRADE**
BAMAKO	**BELLEVUE**
BANGKOK	**BERGEN**
BANGUI	**BERKELEY**
BARIKA	**BERLIN**
BASEL	**BHOPAL**
BATALA	**BILBAO**
BATH	**BOISE**

```
T F T E D U C O N G R E S S F
I V K O L E A S E T P K E Y G
Y O T Z L A M L Q U T A N Z T
H T R R R L P O X B I R A B R
A E R G L R A B C P A R T Y L
Z F J E S W I B I R G S O D F
Y E U L B H G Y O C A E R Q E
R W A S H I N G T O N T A B D
A V G G B T L P D I M A U I E
I N D E P E N D E N T D V P R
C I R I G H T S Q S G I A J A
I E Y Y F O O U R E F D P H L
D C A U C U S N T C T N E A I
U Y S Q G S U R R O G A T E S
J F L X R E P U B L I C A N M
```

BALLOT

BUDGET

CAMPAIGN

CANDIDATES

CAUCUS

CONGRESS

DEMOCRAT

FEDERALISM

INDEPENDENT

JUDICIARY

LIBERTY

LOBBY

PARTY

REPUBLICAN

RIGHTS

SENATOR

SURROGATES

VOTE

WASHINGTON

WHITE HOUSE

```
G  C  O  W  R  R  E  L  B  A  V  L  O  S  L
O  A  D  U  R  A  B  L  E  I  N  P  C  P  A
A  S  B  A  R  A  K  O  A  F  A  F  L  U  W
E  Z  R  L  V  G  C  U  R  A  B  L  E  W  G
Z  A  E  P  E  R  M  E  A  B  L  E  P  J  K
L  R  L  L  E  W  E  B  L  A  A  R  O  Y
Q  G  B  A  B  E  L  R  L  E  U  H  O  L  E
D  U  A  T  A  A  Y  B  E  B  D  U  B  J  L
T  A  R  R  N  B  R  P  A  R  A  O  A  C  B
I  B  E  E  L  M  U  E  P  B  P  B  A  A
P  L  N  L  M  E  R  X  S  X  L  R  L  T  Y
A  E  L  B  A  T  I  U  S  A  E  U  E  A  A
E  B  U  A  D  O  R  A  B  L  E  T  C  A  P
Q  T  V  C  Q  X  C  R  I  X  G  M  C  R  T
Q  L  S  X  U  A  Y  N  K  W  S  P  T  L  S
```

ADORABLE	GABLE
AGREEABLE	LAUDABLE
AMENABLE	MEASURABLE
ARGUABLE	PALPABLE
BEARABLE	PAYABLE
CABLE	PERMEABLE
CULPABLE	PROBABLE
CURABLE	SOLVABLE
DURABLE	SUITABLE
FABLE	VULNERABLE

```
P  M  P  R  F  L  A  G  W  X  E  I  Z  E  I
X  R  L  N  P  B  F  L  P  Z  O  U  X  L  D
J  C  Q  X  E  E  Z  E  G  A  U  C  U  Y  S
G  L  A  R  Z  T  R  O  G  N  W  M  O  D  I
M  O  B  F  Q  U  A  K  C  O  S  T  A  K  Y
Z  F  J  U  A  R  S  N  W  R  G  U  C  A  Y
R  V  I  Z  R  D  M  E  Y  C  T  R  U  M  P
U  A  N  B  D  C  U  H  Y  A  R  N  R  R  U
T  P  P  N  E  R  S  S  O  M  H  B  L  T  T
T  S  I  P  R  A  S  O  U  U  P  U  D  A  I
E  L  N  Q  N  J  E  R  L  Q  E  L  Q  C  N
X  M  G  G  B  O  N  O  A  B  L  L  L  Q  R
R  F  G  W  I  Y  L  P  C  M  E  R  K  E  L
N  O  T  R  S  S  E  U  N  A  P  R  S  A  A
O  Z  T  U  A  M  S  N  U  Y  M  U  G  P  C
```

ABE	PUTIN
ARDERN	RAJOY
COSTA	RASMUSSEN
JINPING	RUTTE
MACRON	SOLBERG
MAY	TRUMP
MERKEL	TSIPRAS
MODI	TURNBULL
NETANYAHU	YOULA
POROSHENKO	ZUMA

```
S  K  X  J  W  C  H  S  U  U  M  R  R  G  I
S  K  Y  E  I  Z  O  B  I  L  L  E  T  M  R
D  G  A  C  H  A  M  B  E  R  S  A  U  P  M
V  W  I  A  T  I  E  T  T  I  A  L  U  T  P
D  O  D  L  C  M  L  M  D  W  H  H  J  O  S
W  A  J  A  H  E  D  E  W  Y  G  O  T  E  I
W  Z  B  P  T  Y  N  N  I  R  J  S  T  O  I
S  I  J  O  N  C  H  M  A  O  S  T  A  E  L
N  D  M  E  E  S  U  O  H  T  N  E  P  A  L
B  U  D  U  M  S  T  U  D  I  O  L  S  E  E
M  J  C  S  T  O  C  E  F  M  D  A  V  M  G
N  P  U  R  R  S  K  C  A  R  R  A  B  D  V
V  I  L  L  A  A  U  R  L  O  D  G  I  N  G
X  A  T  H  P  J  X  P  A  D  W  B  Y  O  Q
P  F  C  H  A  T  E  A  U  E  R  K  H  T
```

APARTMENT	HUT
BARRACKS	INN
BILLET	LODGING
CABIN	MOTEL
CHAMBERS	PAD
CHATEAU	PALACE
DORMITORY	PENTHOUSE
HOME	RESIDENCE
HOSTEL	STUDIO
HOTEL	VILLA

```
U L X H P X L H T H A L R U W
K E T A D L Y M C I P H O E I
K K B N D E G O M K X U F R A
S L I D E R O O D S R B A D X
L Q T M O L A R E R K M S D A
T A I U F W A O U N A K Z P W
U O N A F R N P B E H B O C O
W D G J I P A S P I N X F Z A
V G O J C B T M L L R P B W I
N U M B E R C A Z A A T H K F
G A M M O N S P I D S T X S A
T E F K M T A H C H K H C Q Z
L N E C A P S A P T R A E S P
A O T G R T I R P O T J I R R
A B E N C H K D N G T B F J A
```

BENCH	**HAND**
BITING	**NUMBER**
BOARD	**OFFICE**
BONE	**ROOM**
CHAT	**SLASH**
DATE	**SLIDE**
DOOR	**SPACE**
DOWN	**SPIN**
GAMMON	**STAGE**
GROUND	**STROKE**

```
C  V  P  B  E  L  R  B  X  E  R  S  M  W  Q
W  I  I  M  G  R  T  L  Q  M  M  Y  A  N  Y
G  O  N  I  R  C  G  U  O  E  E  R  S  W  W
W  G  O  E  P  H  C  S  H  I  R  A  Z  I  C
V  N  T  H  I  I  C  H  K  S  L  H  A  A  M
B  I  G  H  G  A  M  A  Y  Z  O  A  V  A  C
T  E  R  C  T  N  G  C  I  D  T  L  I  O  W
L  R  I  O  N  T  O  N  I  P  G  I  M  O  Y
D  I  S  H  M  I  F  K  I  E  E  G  B  L  I
B  O  R  D  E  A  U  X  R  L  G  O  Z  O  S
E  M  Q  B  N  J  L  E  S  Z  S  T  A  R  I
H  Y  O  D  K  O  M  B  A  R  B  E  R  A  O
P  T  E  C  O  I  S  R  E  A  S  Z  I  B  E
M  L  S  X  A  R  Z  K  U  C  A  S  L  R  X
Q  T  R  T  S  U  A  Z  C  Q  N  R  R  Z  G
```

ALIGOTE	**MERLOT**
BARBERA	**MOSCATO**
BAROLO	**PINOT GRIS**
BLUSH	**PINOT NOIR**
BORDEAUX	**RIESLING**
CAVA	**RIOJA**
CHIANTI	**SHIRAZ**
GAMAY	**SYRAH**
HOCHHEIM	**VIOGNIER**
MALBEC	**ZINFANDEL**

```
B F K Y X R S A B O J Q V Q K
T T K N R T U A J F Q R P E O
B E R E I G U S N I E H E F F
A S P O R T S B C R Z A W A L
H M B R T R S W A R D T R I G
A U O A H A P A R F R L E M S
P G P T I M E Y D U A H A G C
C S X S L S A A S Y B F F B E
C S R T L P L B R C A S O F R
A D R S T E V E U C H W S R T
I B S O T L G D E N I M S S Z
F P J A F A A D M P H A L S A
T L S S L J T K O U S W A P S
S U R O Q M D M P I N S P A T
I X L B D A Y L W C S T W N D
```

DENIM	REGAL
DRAB	SLAP
FACED	SPAN
GUMS	SPORTS
KNITS	SWARD
MAWS	TIME
PAWS	TRAMS
PEELS	TROT
PINS	TUBA
RATS	YAWS

106 WORDSEARCH

```
M  T  R  O  U  S  E  R  P  R  E  S  S  E  K
K  T  E  L  E  V  I  S  I  O  N  R  Y  E  T
E  G  N  A  R  I  B  X  F  N  T  E  T  R  O
W  W  A  W  E  K  J  A  Q  Z  Q  T  R  P  A
D  T  E  A  A  F  C  T  C  N  L  A  P  I  S
A  S  L  O  W  C  O  O  K  E  R  E  H  O  T
T  U  C  D  X  L  T  E  L  E  P  H  O  N  E
N  R  M  Y  A  C  I  W  X  C  H  I  F  I  R
P  E  U  I  A  O  M  C  T  W  M  A  M  Z  D
O  T  U  M  B  L  E  D  R  Y  E  R  U  E  P
N  U  C  O  N  S  O  L  E  R  R  U  A  R  R
R  P  A  W  R  O  R  C  V  A  G  R  I  L  L
U  M  V  L  H  T  R  W  D  R  R  P  T  V  A
A  O  T  R  E  I  F  I  D  I  M  U  H  O  N
J  C  Q  P  A  R  O  B  L  E  N  D  E  R  K
```

ALARM CLOCK	KETTLE
BLENDER	RADIO
COMPUTER	RANGE
CONSOLE	SLOW COOKER
GRILL	TELEPHONE
HEATER	TELEVISION
HI-FI	TOASTER
HUMIDIFIER	TROUSER PRESS
IONIZER	TUMBLE DRYER
IRON	VACUUM CLEANER

```
R P G X P L T B F C A Y C Q H
Y Z Y S A S O E K R L I R A F
R A V O U I O L P P S N A G F
K F I D E S V L G E P E F H U
T I C A R U S O O I J E O E S
M E T I S A I N A R U T U R T
X F O R T U N A L E B A S I H
W A R F O O T X Y N O E N R A
U P I I A R G F T E D E N T L
Y O A M T U P L C N C U Y T I
T L L R O L S N A S T R A E A
Q L P J U N O T D D E V A M A
S O R E A L U T E T I A I S A
U E S R H E B E J R A H R I N
C X O U R I M W T E L W I I I
```

APOLLO	HIDALGO
ASTRAEA	ICARUS
AUSTER	IRENE
BELLONA	JUNO
DACTYL	LUTETIA
EROS	METIS
EUNOMIA	SEDNA
FIDES	THALIA
FORTUNA	URANIA
HEBE	VICTORIA

O	R	P	S	I	P	N	X	S	H	E	S	K	L	O
B	E	I	S	U	I	K	V	U	E	N	O	C	N	T
T	F	O	S	A	V	Q	G	E	A	R	K	O	A	R
A	A	A	H	H	D	Z	S	T	H	G	I	L	V	S
P	A	C	I	A	L	D	H	T	D	N	C	T	H	G
R	S	A	I	S	C	F	L	R	N	W	K	I	D	R
W	O	S	A	V	O	Z	F	E	K	A	S	D	N	I
Z	I	G	F	S	K	C	R	F	X	S	T	R	A	P
Y	S	B	C	X	T	T	E	L	Z	P	A	B	B	E
C	G	D	P	M	U	P	E	E	V	O	N	E	U	K
K	R	U	B	B	E	R	W	C	R	K	D	L	P	A
R	W	H	E	E	L	S	H	T	O	E	C	L	I	P
M	C	G	Y	P	V	P	E	O	H	O	P	B	S	G
E	L	I	F	R	A	M	E	R	R	T	E	P	T	E
O	Z	I	W	U	W	P	L	X	G	V	R	S	L	E

AXLE

BELL

CHAIN

CONE

FRAME

FREEWHEEL

GEAR

GRIP

INNER TUBE

KICKSTAND

LIGHTS

PUMP

REFLECTOR

RUBBER

SADDLE

SPOKE

STRAP

TIRES

TOE CLIP

WHEELS

```
L I E X F O L I A T I O N A E
C E B P F M A S K M H L O M R
L G E A E A L Q W S A O I O F
E I C P I A L A B U Y T S I L
A O O W L V R R B N P I A S W
N S S E R A S L A P R O R T A
S H M Y E G C T P R I N B U X
E E E L P R Q I S O W L A R I
R A T T I T T R M T W S M I N
E B I A L O U A I E W D R Z G
U U C S A N G H E C H F E E Y
T T S O X E D G L T R C D R P
K T M A E R C R E I R R A B R
D E X P W R E D W O P Y B A B
L R T U S H A V I N G E G O E
```

BABY POWDER

BARRIER CREAM

CHEMICAL PEEL

CLEANSER

COSMETICS

DERMABRASION

EGG OIL

EXFOLIATION

LIP BALM

LOTION

MASK

MOISTURIZER

PEARL POWDER

SHAVING

SHEA BUTTER

SOAP

SUN PROTECTION

TEA TREE OIL

TONER

WAXING

```
F E H L S S Y C R O T C I V Y
T E G C E U A H G P K U I R K
G T O T E C Y A L P L U O F J
P R X N D C P M E O L M T H Y
E R U S S E R P A S M O D A V
L T L D W S S I R I V A L R Y
K C T S G S T O J T R P R Y Y
W L R E Q E R N I I U E L U R
E A A U P T U S O O N T O R P
F S I T M U G C O N T E S T T
E H N I M A G V I P D P E Y P
T X I L X A L W E T T M R T U
O K N U N D E R D O G K A R
A E G A C A P T A I N C D I C
V A B T O U K X Q Y X T R E U
```

CAPTAIN	**RIVALRY**
CHAMPIONS	**SCORE**
CLASH	**SEED**
COMPETE	**STRUGGLE**
CONTEST	**SUCCESS**
FOUL PLAY	**TEAM TALK**
GRUDGE	**TRAINING**
LOSER	**UNDERDOG**
OPPOSITION	**VICTOR**
PRESSURE	**WINNER**

```
G G P W C X S O Q T P I O T T
G N R E H T R O N N U O N I U
N O B L E S G N O U G A T O B
O T I S V I E O S M L B G R P
M I T T K L S A T J R N L T M
A C O U I E T Y A W R O N F M
D E P S N V M G L X N O N E T
D Z C A O O F T G M Y O N N I
E I D A S N D A I Y T O O O K
I S D H T T P D A H R M V D G
I I O P R N I Y I I I E I U R
N N O T I O N N T N V E C L H
T U I C L S G T A T G H E E S
S K R N O Z Z L E E T X I S B
V P S O S W I I J E Y F D R F
```

NOBLE	NOSTALGIA
NODDING	NOSTRIL
NODULE	NOTHING
NOMAD	NOTICE
NOMINAL	NOTION
NONET	NOUGAT
NOOSE	NOUN
NORM	NOVELIST
NORTHERN	NOVICE
NORWAY	NOZZLE

```
R  P  C  E  L  P  O  L  L  P  A  R  R  O  T
N  E  T  E  V  I  J  I  N  J  L  P  Z  E  A
P  T  T  K  U  C  T  T  Q  S  Y  U  V  C  R
G  E  E  S  T  L  E  T  E  R  G  S  N  I  P
N  R  K  I  O  J  M  L  L  R  J  S  M  M  S
E  P  C  M  M  F  U  E  J  E  I  Y  I  D  K
R  I  O  P  M  N  R  B  L  H  L  C  S  N  C
W  P  L  L  Y  L  D  O  D  D  L  A  S  I  A
Y  E  Y  E  T  R  N  Y  T  K  D  T  M  L  J
N  R  C  S  U  W  E  B  B  C  E  I  U  B  A
N  R  U  I  C  M  K  L  P  P  O  Z  F  D  A
E  A  L  M  K  J  I  U  A  U  A  D  F  U  O
J  O  R  O  E  E  A  E  H  A  N  S  E  L  C
I  R  E  N  R  O  H  K  C  A  J  C  T  Q  T
M  S  M  Z  X  Z  S  J  X  Y  U  L  H  R  L
```

AIKEN DRUM	LITTLE BOY BLUE
BLIND MICE	LITTLE LAMB
DOCTOR FOSTER	LUCY LOCKET
FIDDLE	MISS MUFFET
GRETEL	PETER PIPER
HANSEL	POLL PARROT
JACK HORNER	PUNCH
JACK SPRAT	PUSSY CAT
JENNY WREN	SIMPLE SIMON
JILL	TOMMY TUCKER

```
L  S  U  A  B  T  U  K  Z  N  M  T  C  A  R
V  A  C  W  I  E  W  V  O  D  N  N  W  F  R
I  T  M  U  T  U  A  B  S  L  L  Z  T  Y  L
S  C  L  A  Y  U  I  R  R  C  M  R  T  R  S
R  P  U  L  R  F  G  O  E  S  O  X  S  B  U
W  G  U  Z  B  B  I  N  S  X  D  D  T  S  L
T  E  T  W  O  S  L  Z  I  K  E  E  E  H  S
J  A  R  E  Z  C  G  E  N  R  L  T  C  R  T
C  R  P  L  Z  A  Y  J  A  E  I  H  A  P  A
O  T  A  D  E  R  R  S  P  T  U  F  S  L  T
P  W  T  I  T  V  D  I  L  S  O  F  T  I  U
P  O  I  N  T  I  N  G  M  A  C  H  I  N  E
E  R  N  G  O  N  U  Z  J  L  T  A  N  T  L
R  K  A  M  I  G  O  T  P  P  A  E  G  H  J
T  I  E  A  R  A  F  Q  O  A  R  A  M  O  T
```

ARTWORK	MARBLE
BOZZETTO	METAL
BRONZE	MODEL
CARVING	PATINA
CASTING	PLASTER
CLAY	PLINTH
COPPER	POINTING MACHINE
FIRING	RESIN
FOUNDRY	STATUE
LATEX	WELDING

```
X  S  Q  U  N  T  H  P  S  C  O  C  C  Y  X
F  E  E  F  T  M  Y  L  Z  E  Y  P  S  S  I
I  E  T  M  I  O  M  A  D  N  A  E  R  R  S
B  R  N  A  I  B  X  A  A  T  I  N  R  E  K
N  A  D  W  N  S  U  L  E  R  B  X  P  S  P
R  P  I  N  C  U  S  L  C  U  I  A  N  L  U
F  A  S  P  F  H  L  I  A  M  T  T  K  S  T
F  S  U  I  D  A  R  X  R  S  A  R  L  B  T
M  A  P  D  S  S  C  A  P  U  L  A  A  U  F
E  W  R  U  T  E  I  M  A  R  L  P  P  R  O
R  U  A  F  E  M  U  R  L  E  F  E  V  U  I
M  R  C  C  R  A  N  I  U  M  U  Z  A  A  K
R  L  U  S  N  S  A  C  R  U  M  O  D  P  D
R  J  L  B  U  F  O  C  P  H  Z  I  V  M  X
U  A  P  P  M  Z  F  B  N  P  Q  D  U  U  A
```

CARPAL	MAXILLA
CARPUS	PATELLA
CENTRUM	RADIUS
COCCYX	SACRUM
CRANIUM	SCAPULA
FEMUR	STAPES
FIBULA	STERNUM
HUMERUS	TIBIA
INCUS	TRAPEZOID
LUNATE	ULNA

S	W	D	J	Z	N	E	T	P	C	L	L	T	L	Y
G	T	W	S	N	U	L	T	T	I	L	E	T	Q	E
T	D	L	U	Y	I	A	G	C	A	G	L	O	Y	O
U	R	W	Q	Y	O	R	V	B	F	Y	G	O	K	U
D	K	T	S	I	L	B	I	G	U	N	S	Y	U	A
L	T	M	S	R	A	T	R	E	G	O	R	O	L	A
J	Q	V	S	A	M	R	P	I	F	N	T	A	Z	T
R	O	R	L	L	E	I	D	P	O	T	J	E	X	S
V	Z	T	N	P	P	B	K	V	R	H	A	N	I	I
U	A	E	W	H	A	E	E	T	E	E	C	A	S	M
O	P	R	D	E	C	L	O	H	S	C	K	V	L	O
J	A	H	X	R	I	D	Y	S	T	O	P	I	A	N
X	P	L	R	I	F	M	S	O	H	N	I	Y	N	R
Q	S	D	T	C	I	L	F	N	O	C	S	U	D	R
P	Y	T	L	S	C	P	I	G	S	H	E	A	D	L

BIGUNS

CHOIRBOYS

CONFLICT

DYSTOPIAN

ERIC

FOREST

ISLAND

JACK

LITTLUNS

NOVEL

PACIFIC

PIG'S HEAD

PIGGY

RALPH

ROGER

SAM

SIMON

THE BEAST

THE CONCH

TRIBE

```
T T T R E H R O O Y K O T P C
T T U L S A P P E R U H U U H
A O N S A S E L A M A T Z S F
L R I A R G T Y E N T I T I T
L O S C D G W E E I U J M Z P
I N I J T O N G I P R U L E A
N T A W A J C E A R M A R W R
N O U O M E T A C H E N G M B
N P Z D P S R C B T R A S L R
B A I B A O I L G A O R R O R
N I Q S A N E A O B T H E Y E
O X E O E R S T E R F M A P B
D R O F L E T A P I T T P J T
M U D U H A E V S Z A R S L I
L L L B U S T V E R Q H O S S
```

TABACO
TABRIZ
TACHENG
TALCA
TALLINN
TALOQAN
TAMALE
TAMPA
TELFORD
THANE

TIJUANA
TOKYO
TONGI
TORONTO
TRABZON
TRIESTE
TULSA
TUNIS
TURMERO
TVER

```
A P P W P A S E E O N D B L T
Z G R E B L E I P S O X F Q U
A R S T L L R P Y T T A E B I
B G D R U E V E E O R A L L E
A N O D S N A T P E U J L R D
A L M O D O V A R P B X I F E
T E O C A M E R O N O A N R G
P K I P S B R A N A G H I E L
A P U U P M I N G H E L L A U
M E L B Z O R T R C O O S S C
O L K E R B C I E S C O T T A
L R E L L I M N V T O I F W S
Y H I T C H C O C K N W R O J
Q I P I J A C K S O N U F O O
Z I B C K A N G V J S B N D L
```

ALLEN
ALMODÓVAR
BEATTY
BRANAGH
BURTON
CAMERON
COPPOLA
EASTWOOD
FELLINI
HITCHCOCK

HOPPER
JACKSON
KUBRICK
LUCAS
MILLER
MINGHELLA
SCOTT
SPIELBERG
TARANTINO
USTINOV

P	D	A	E	R	P	T	T	R	W	G	T	B	E	X
O	R	T	A	F	N	R	Q	E	B	P	T	A	S	J
F	Q	K	E	O	O	L	Y	A	K	I	R	I	A	E
Z	A	J	B	R	S	C	I	Y	S	G	N	R	V	G
E	R	E	W	D	Y	R	E	A	I	G	M	A	E	R
K	L	T	A	I	D	O	W	B	E	N	J	I	R	U
N	M	P	T	F	E	M	H	R	P	W	X	R	Y	F
V	O	L	T	A	M	P	I	A	H	A	E	R	Y	X
X	R	S	T	R	A	T	T	I	R	Q	R	I	V	Q
D	S	N	I	A	X	O	T	L	E	A	R	H	A	I
B	E	L	L	D	W	N	L	L	E	S	E	I	D	W
L	V	B	T	A	E	O	E	E	O	L	J	P	S	M
W	S	M	O	Y	L	O	A	S	G	F	U	E	M	E
I	M	T	E	S	L	A	T	L	E	E	T	P	A	H
L	U	X	Y	A	Z	Y	E	T	Q	L	L	B	X	F

BAIRD	**MAXWELL**
BELL	**MORSE**
BRAILLE	**NOBEL**
CROMPTON	**SAVERY**
DAVY	**SINGER**
DIESEL	**TESLA**
DYSON	**VOLTA**
EDISON	**WATT**
FARADAY	**WHITNEY**
FORD	**WHITTLE**

```
T Q I J W A S H E R U D Q X F
S A L A J G S C H R E D D A L
S T W O Y V N D R R E W N O B
Y S C Q E E V I S E H D A R O
Y Z H K R R S A T U W Z N T L
T O A E O N F G B N M S U A T
Q U F I L L E R H O I W T D S
B X T X L V G A C I A A S U S
A L O T E T E M R S B L P R T
T H Q B R V Z S O L R L Z W D
A A C G L C U R T U A P H R B
U M E N T O U L W M S A L M L
G M K P E X O E O E I P S U U
P E S P I R I T L E V E L S A
C R F J C C W B B U E R M Z P
```

ABRASIVE

ADHESIVE

BLOWTORCH

BOLTS

DIAGRAMS

EMULSION

FILLER

HAMMER

LADDER

NUTS

PAINTING

ROLLER

SANDER

SCREWS

SHELVES

SPIRIT LEVEL

TOOLBOX

WALLPAPER

WASHER

WRENCH

```
K Q C J M E N D E L E E V P S
C C J N P E R I O D S E T Y U
O H O T F Q T C D H S L A A B
L F B L O C K A B E N O C S T
B Z S T B P D E L A E A T L C
P C P T Y S C T O L G N I O P
U G U L N N R U C A O O N B S
T T O C I E L I K B T I I M C
A U R R N G M I L W C T D Y N
B X G D R O T E R A I I E S G
U J S F X L G V L P N S I F I
L A N T H A N I D E P N O O O
A R S U S H T F H K S A J L O
R A A E O R R N E G O R D Y H
D D S G Z U N U N O C T I U M
```

ACTINIDE

D-BLOCK

ELEMENTS

F-BLOCK

GROUPS

HALOGENS

HYDROGEN

LANTHANIDE

MENDELEEV

METALLOIDS

NOBLE GASES

P-BLOCK

PERIODS

PNICTOGENS

S-BLOCK

SYMBOLS

TABULAR

TRANSITION

TRENDS

UNUNOCTIUM

```
O  E  S  X  H  T  N  E  V  E  S  F  K  I  P
T  G  N  A  T  W  E  N  T  I  E  T  H  J  N
P  P  L  R  L  Z  R  A  X  I  N  E  N  G  N
O  F  O  H  F  I  F  T  E  E  N  T  H  I  T
Y  B  F  T  R  U  E  T  C  E  M  T  N  V  T
A  Q  I  E  L  E  V  W  S  I  U  T  X  Y  H
D  U  F  I  N  S  G  E  L  E  H  J  Y  U  G
E  A  T  T  S  X  S  L  P  L  U  T  M  B  T
Y  R  H  R  D  O  I  F  O  E  N  E  N  B  M
M  T  M  I  O  O  X  T  W  V  D  R  X  E  P
C  E  P  H  N  F  T  H  H  E  R  O  R  R  T
O  R  O  T  A  N  I  M  O  N  E  D  N  P  A
M  R  H  R  D  Z  E  U  L  T  D  K  W  S  U
H  J  A  M  V  Y  T  G  E  H  T  H  G  I  E
I  R  S  I  X  T  H  X  R  T  H  I  R  D  R
```

DENOMINATOR	SEVENTH
EIGHTH	SIXTEENTH
ELEVENTH	SIXTH
FIFTEENTH	SIXTIETH
FIFTH	TENTH
HALF	THIRD
HUNDREDTH	THIRTIETH
MILLIONTH	TWELFTH
NINTH	TWENTIETH
QUARTER	WHOLE

```
E T T E U G A B L I R F G J S
N J O A G M A C A R O N C E E
G P E P E J S V B Y M R E I P
A B E O G N T E U R G O U L E
P O D U U D R E P N I A P O R
M I L L E F E U I L L E E V C
A B S E K T V Q E N O U G A T
H L X T V F T N J C O T J E N
C R A T A T O U I L L E O S A
X S R R R O C I E V E A Z C S
M A D E L E I N E A U A I A S
P E H C O I R B Q G R A C R I
T A R T E T A T I N R O Q G O
T L F I C R H U U P F A E O R
A Q V N A C J F C O N O S T C
```

BAGUETTE

BRIE

BRIOCHE

CHAMPAGNE

COQ AU VIN

CREPES

CROISSANT

ECLAIR

ESCARGOT

FOIE GRAS

HARICOT VERTS

MACARON

MADELEINE

MILLE-FEUILLE

NOUGAT

PAIN PERDU

POULET

RATATOUILLE

TARTE TATIN

TEURGOULE

O	A	E	O	C	T	O	B	E	R	P	S	R	W	Q
P	V	E	R	S	M	M	X	P	J	F	A	E	U	W
R	C	Q	D	O	E	A	W	N	F	Q	D	T	S	O
O	R	D	I	N	A	R	Y	S	O	F	F	I	C	E
U	O	R	N	A	T	E	R	C	O	G	A	N	S	E
T	O	X	A	E	O	F	C	N	S	A	A	U	K	V
R	X	V	L	Z	B	A	P	E	M	D	J	T	S	I
A	Y	W	C	V	S	G	M	R	I	O	G	E	C	L
G	M	Q	I	I	O	B	S	C	U	R	E	S	O	O
E	O	E	O	Q	L	P	O	S	M	A	C	F	T	K
O	R	N	A	M	E	N	T	O	N	D	F	X	M
U	O	R	B	I	T	A	H	N	T	G	R	O	I	B
S	N	W	H	J	E	O	E	J	T	E	M	D	V	A
N	N	M	L	O	A	W	R	R	S	P	R	T	W	C
A	S	O	P	T	A	R	P	I	W	R	H	I	R	P

OBSCURE	ORDINAL
OBSOLETE	ORDINARY
OCCASION	ORNAMENT
OCTAGON	ORNATE
OCTOBER	OSMIUM
OFFICE	OTHER
OFFSET	OTTER
OLIVE	OUTRAGEOUS
ORANGE	OWL
ORBIT	OXYMORON

```
S  T  V  X  T  I  P  A  R  H  M  S  S  C  R
V  B  V  U  V  I  S  I  T  O  R  S  T  R  W
A  H  E  W  I  L  D  L  I  F  E  D  P  P  C
P  D  N  A  I  M  U  D  R  A  T  E  M  H  S
J  M  N  T  R  H  I  A  L  T  T  Q  I  S  F
Q  O  R  A  E  S  E  I  D  T  L  M  O  A  T
D  N  T  A  P  R  O  U  I  R  P  G  D  H  S
S  K  N  L  E  N  R  N  P  A  R  K  Y  O  E
E  E  A  B  E  G  G  O  N  C  A  G  E  S  C
R  Y  H  V  K  Z  L  Z  P  T  F  I  A  T  N
S  K  P  T  O  R  E  O  G  I  R  A  F  F  E
O  U  E  O  O  E  L  I  D  O  C  O  R  C  F
R  O  L  O  Z  H  L  P  E  N  G  U  I  N  L
L  F  E  E  D  I  N  G  I  W  P  I  L  T  O
P  Z  T  Q  B  E  T  A  S  Z  J  F  F  F  P
```

ATTRACTION	MOAT
BEAR	MONKEY
CAGES	PANDA
CHIMPANZEE	PARK
CROCODILE	PENGUIN
DISPLAYS	PETTING ZOO
ELEPHANT	SEA LION
FEEDING	VISITORS
FENCES	WILDLIFE
GIRAFFE	ZOOKEEPER

```
D U S P T V A I I W R L A A S
T S T O P L R P E L E S S B E
R E U P A R I U B P Q P W S T
L Y D Y A I T F Y H Q Y W J I
O O T H G I N F E D C C K V M
O O K J D D E A L W J A C R C
T N X L U K R E T K O L U T H
E B U I R T T Y T U B L L S E
N I S R I E A S T O R Y L R E
A T U M P F O G N I N E V E R
V G T X T S L Z E Y O N D N F
E T A J I A X O P K R O W N G
I N L X T S S H D D P U D A Y
J A R K O E U B P Y U G D M E
D O J Z A P I F A I T H L F M
```

BYE	GUY
CALL	HEART
CAUSE	JOB
CHEER	LIFE
DAY	LUCK
DEAL	MANNERS
ENOUGH	NATURED
EVENING	NIGHT
FAITH	STORY
FELLOW	WORK

```
Y D U S A L R Z L J P J A S H
W S Y S Q B O R D E R L I N E
R O D R E S S Y O U U P P S T
U L P A M A Z I N G D S O P A
Q X O K T J R A T S Y K C U L
P T H R N H Q R T S T D I G Y
T Z O R S H G J E F L B S N R
R H L P T T N I L S F U U U T
N O I T A R B E L E C P M H H
E K D N Y R J T M F J U M P S
Z F A S K S A B E G O N E R I
O N Y N I O S D J U R Y I M R
R I E C G V F I I E G F A C E
F Y H A Y E Q M R S T O H R H
E J I D L S L W E U E R V O C
```

AMAZING

ANGEL

BORDERLINE

CELEBRATION

CHERISH

DON'T TELL ME

DRESS YOU UP

FROZEN

GONE

HOLIDAY

HUNG UP

JUMP

LUCKY STAR

MUSIC

PARADISE

RAY OF LIGHT

RESCUE ME

STAY

THINK OF ME

VOGUE

```
R E T N E C A I B M U L O C F
W I L L I S T O W E R J R I R
R A T C H A S E T O W E R T A
E T S H T R O W L O O W Q I N
T P A R K T O W E R S N M G K
N A C A P E L L A T O W E R L
E Q M N R E W O T Y E K R O I
C U O R E W O T K N A B S U N
N A C O R E W O T S D I S P C
O N E L I B E R T Y P L A C E
A V L E M P I R E S T A T E N
I N M T R U M P T O W E R N T
A Z A L P T S U R T N U S T E
C I T Y S P I R E C E N T E R
I W I L L I A M S T O W E R Y
```

AON CENTER

AQUA

CAPELLA TOWER

CHASE TOWER

CITIGROUP CENTER

CITYSPIRE CENTER

COLUMBIA CENTER

COMCAST

EMPIRE STATE

FRANKLIN CENTER

IDS TOWER

KEY TOWER

ONE LIBERTY PLACE

PARK TOWER

SUNTRUST PLAZA

TRUMP TOWER

US BANK TOWER

WILLIAMS TOWER

WILLIS TOWER

WOOLWORTH

```
P S L J T Y Q L N V D V P R F
A D E J F A R E O P R T R K U
R O I I I R S A I A R T O G F
O S N A U R T M T R R R P L K
N R E A L I S M C O O O S L P
F I C T I O N M I D I T O N E
C H R T R A G E D Y A M F T W
D O Y C H O R U S G S J L K K
R E N S E M B L E U I U J I G
A K H F T O J A T J H C A S T
M O N O L O G U E M A L S T I
A S E T T I N G E P G I N K F
U A L I O U C X W C O M E D Y
E T O S J R O T A R R A N C A
E F R D T H Z L F W U X U F Y
```

CAST
CHORUS
CLIMAX
COMEDY
CONFLICT
DIALOGUE
DICTION
DRAMA
ENSEMBLE
FICTION

MONOLOGUE
NARRATOR
PARODY
PLOT
PROPS
REALISM
SETTING
STAGE
TONE
TRAGEDY

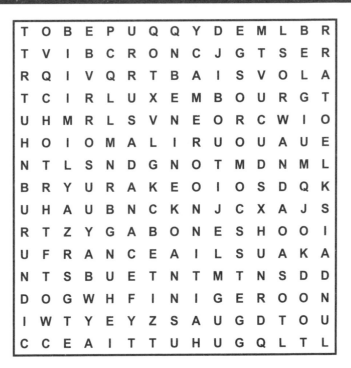

T	O	B	E	P	U	Q	Q	Y	D	E	M	L	B	R
T	V	I	B	C	R	O	N	C	J	G	T	S	E	R
R	Q	I	V	Q	R	T	B	A	I	S	V	O	L	A
T	C	I	R	L	U	X	E	M	B	O	U	R	G	T
U	H	M	R	L	S	V	N	E	O	R	C	W	I	O
H	O	I	O	M	A	L	I	R	U	O	U	A	U	E
N	T	L	S	N	D	G	N	O	T	M	D	N	M	L
B	R	Y	U	R	A	K	E	O	I	O	S	D	Q	K
U	H	A	U	B	N	C	K	N	J	C	X	A	J	S
R	T	Z	Y	G	A	B	O	N	E	S	H	O	O	I
U	F	R	A	N	C	E	A	I	L	S	U	A	K	A
N	T	S	B	U	E	T	N	T	M	T	N	S	D	D
D	O	G	W	H	F	I	N	I	G	E	R	O	O	N
I	W	T	Y	E	Y	Z	S	A	U	G	D	T	O	U
C	C	E	A	I	T	T	U	H	U	G	Q	L	T	L

BELGIUM

BENIN

BURUNDI

CAMEROON

CANADA

CHAD

COMOROS

DJIBOUTI

FRANCE

GABON

GUINEA

HAITI

LUXEMBOURG

MALI

MONACO

NIGER

RWANDA

SENEGAL

TOGO

VANUATU

```
F C T T D N B A D S P V O S W
A H G R L Z W J O M L A T U H
T W O M A R N F O U U R B W B
A L E Q D E G R E E S S I N L
P A O C T A L A Q I E O N G N
H S T L A M I C E D S F A A O
E R E I N O I T C N U F R U O
X C J Y U K F I C E I A Y R W
S G R R M C T O M O D E G A S
P R X O B A U N C I M I N U S
E B P M E N U P A P C P V A T
O N P E R C E N T O K P K I Y
C Q T M S E S L A U Q E S O D
W C U S O L A R T E U P L Y V
D K I M T S U O R A S M L R Q
```

BINARY	MINUS
CANCEL	MODE
CLEAR	NUMBERS
DECIMAL	OCTAL
DEGREES	OFF
DIVIDE	PERCENT
EQUALS	PLUS
FRACTION	RADIANS
FUNCTION	SOLAR
MEMORY	SUM

```
T T Y S P J J I T A G K M R T
A H T N I C A Y H E L P A M R
Y A U U L F Q O O N M U R M B
S O U G X Z R U U S E C J G B
I R D L O G I R A M L R O H U
O C G H U L B Y W B B E R W G
V H E E S C D W R O E T A C P
E I R A E U I E Y R N T M W T
I D B T C K N I N S E U A O J
R U E H T A L F M R O B G R I
Y I R E I E L F L O O T R R Y
S G A R D E N I A O T D B A J
F T I W A L L F L O W E R Y B
Z S T A O Y H A W K W E E D A
S I Y X L E N O I T A N R A C
```

BARBERRY
BUTTERCUP
CARNATION
GARDENIA
GERBERA
GOLDENROD
HAWKWEED
HEATHER
HYACINTH
IRIS

LILAC
MAPLE
MARIGOLD
MARJORAM
ORCHID
OXLIP
SUNFLOWER
WALLFLOWER
WATER LILY
YARROW

```
A A E S F P A J I L E H M N Z
V O Z R E T P O C I L E H L I
P M A R S S L T E M N O O M R
U A I G H Q X C P I S M T B I
S E R A L M L M S T E N A L P
K A L I B I R D S T W T I E N
R E I J P A D P P P S V R T S
E T N S K I T E Q A A T B I O
T S E R E V E L R R W E A L J
P R R J H A N G A A O V L L B
Q Z C L O U D S H C B M L E C
K K R E E B I O S H N N O T I
L L G U X S M I U U I J O A S
R S K P J M O U N T A I N S T
T Y Q J E T J D J E R Y Y F M
```

AIRLINER

BATS

BEE

BIRDS

CLOUDS

ECLIPSE

EVEREST

GLIDER

HELICOPTER

HOT-AIR BALLOON

JUMBO JET

KITE

MARS

MOON

MOUNTAINS

PARACHUTE

PLANETS

RAINBOW

SATELLITE

SUN

SOLUTIONS

WORDSEARCH 1

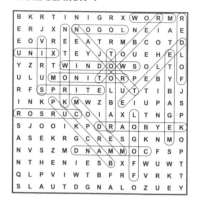

WORDSEARCH 2

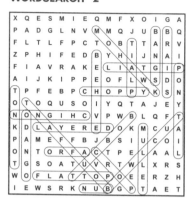

WORDSEARCH 3

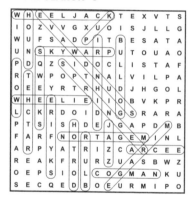

WORDSEARCH 4

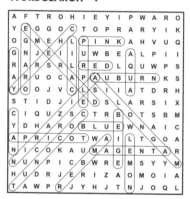

WORDSEARCH 5

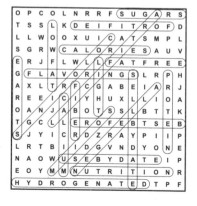

WORDSEARCH 6

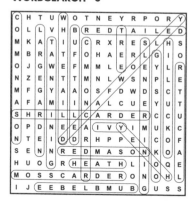

SOLUTIONS

WORDSEARCH 7

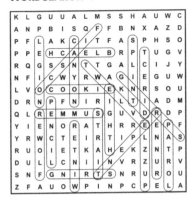

WORDSEARCH 8

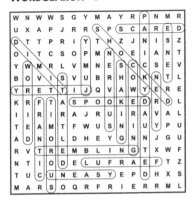

WORDSEARCH 9

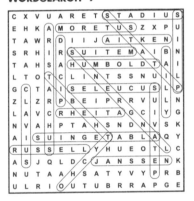

WORDSEARCH 10

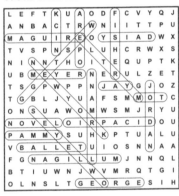

WORDSEARCH 11

WORDSEARCH 12

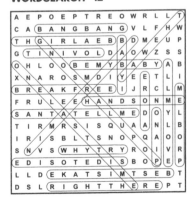

SOLUTIONS

WORDSEARCH 13

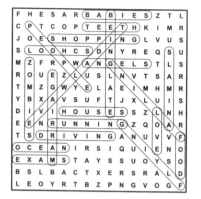

WORDSEARCH 14

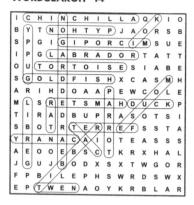

WORDSEARCH 15

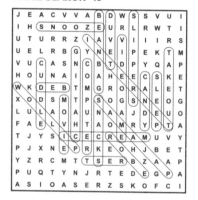

WORDSEARCH 16

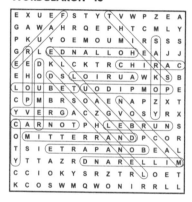

WORDSEARCH 17

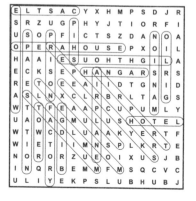

WORDSEARCH 18

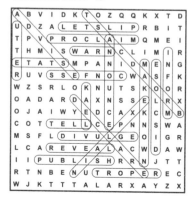

SOLUTIONS

WORDSEARCH 19

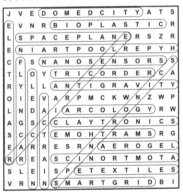

WORDSEARCH 20

WORDSEARCH 21

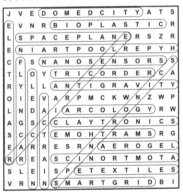

WORDSEARCH 22

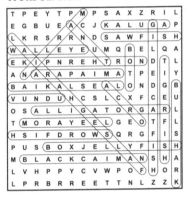

WORDSEARCH 23

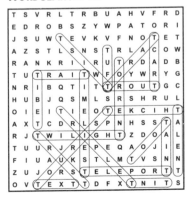

WORDSEARCH 24

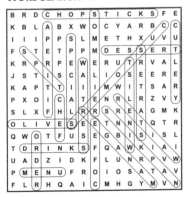

WORDSEARCH 25

WORDSEARCH 26

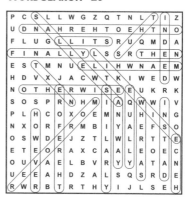

WORDSEARCH 27

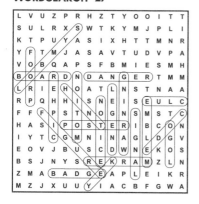

WORDSEARCH 28

WORDSEARCH 29

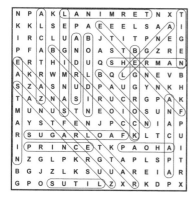

WORDSEARCH 30

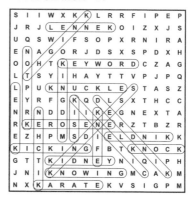

SOLUTIONS

WORDSEARCH 31

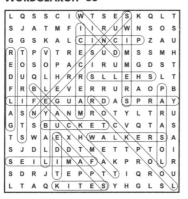

WORDSEARCH 32

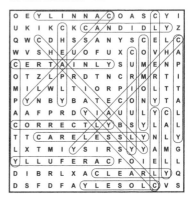

WORDSEARCH 33

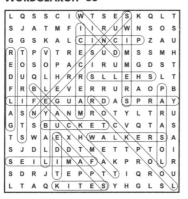

WORDSEARCH 34

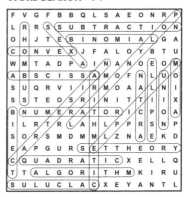

WORDSEARCH 35

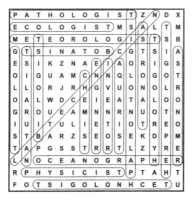

WORDSEARCH 36

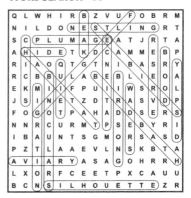

WORDSEARCH 37

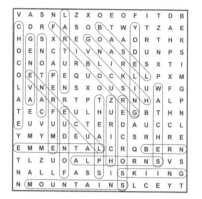

WORDSEARCH 38

WORDSEARCH 39

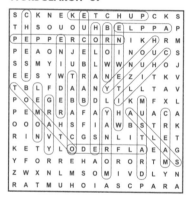

WORDSEARCH 40

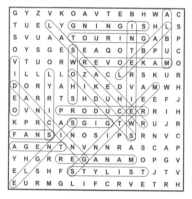

WORDSEARCH 41

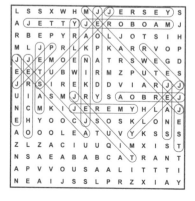

WORDSEARCH 42

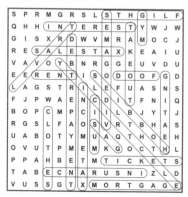

SOLUTIONS

WORDSEARCH 43

WORDSEARCH 44

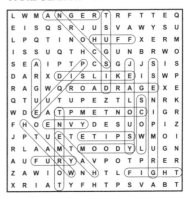

WORDSEARCH 45

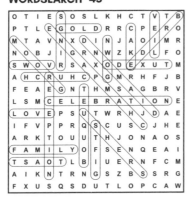

WORDSEARCH 46

WORDSEARCH 47

WORDSEARCH 48

WORDSEARCH 49

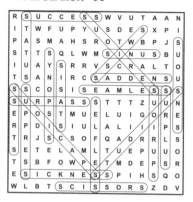

WORDSEARCH 50

WORDSEARCH 51

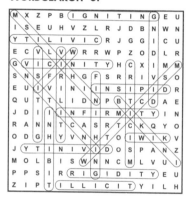

WORDSEARCH 52

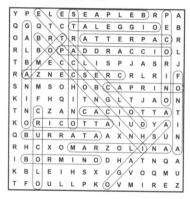

WORDSEARCH 53

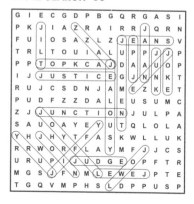

WORDSEARCH 54

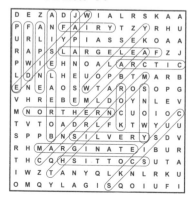

SOLUTIONS

WORDSEARCH 55

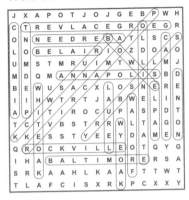

WORDSEARCH 56

WORDSEARCH 57

WORDSEARCH 58

WORDSEARCH 59

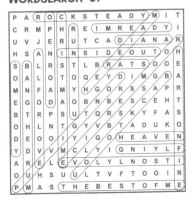

WORDSEARCH 60

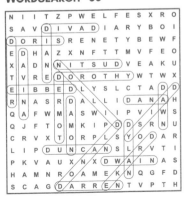

WORDSEARCH 61

WORDSEARCH 62

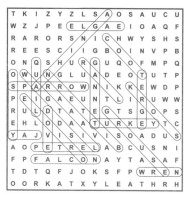

WORDSEARCH 63

WORDSEARCH 64

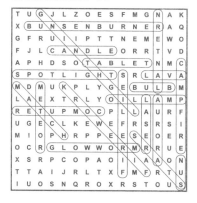

WORDSEARCH 65

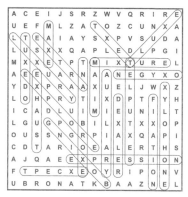

WORDSEARCH 66

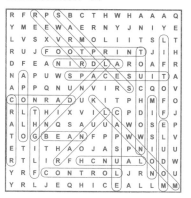

SOLUTIONS

WORDSEARCH 67

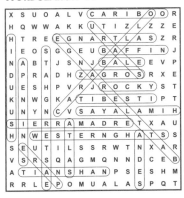

WORDSEARCH 68

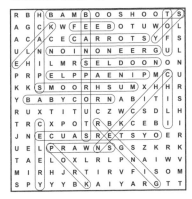

WORDSEARCH 69

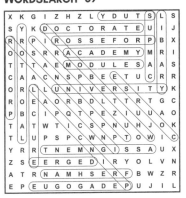

WORDSEARCH 70

WORDSEARCH 71

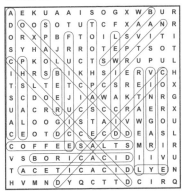

WORDSEARCH 72

WORDSEARCH 73

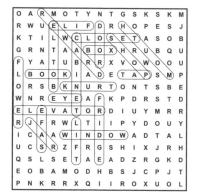

WORDSEARCH 74

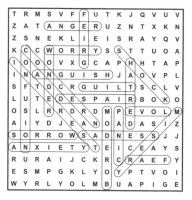

WORDSEARCH 75

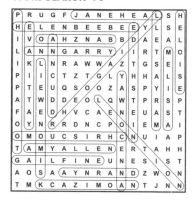

WORDSEARCH 76

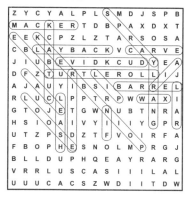

WORDSEARCH 77

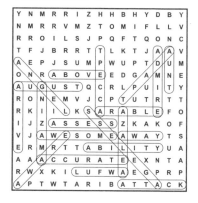

WORDSEARCH 78

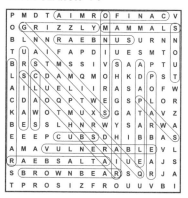

SOLUTIONS

WORDSEARCH 79

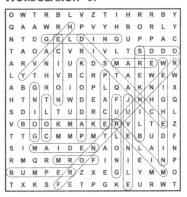

WORDSEARCH 80

WORDSEARCH 81

WORDSEARCH 82

WORDSEARCH 83

WORDSEARCH 84

WORDSEARCH 85

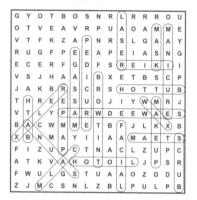

WORDSEARCH 86

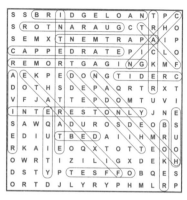

WORDSEARCH 87

WORDSEARCH 88

WORDSEARCH 89

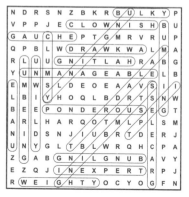

WORDSEARCH 90

SOLUTIONS

WORDSEARCH 91

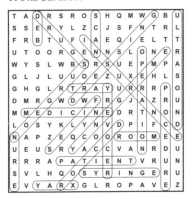

WORDSEARCH 92

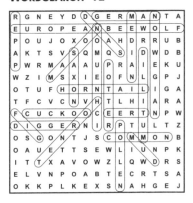

WORDSEARCH 93

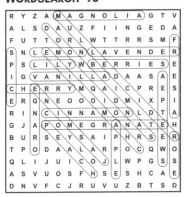

WORDSEARCH 94

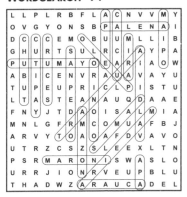

WORDSEARCH 95

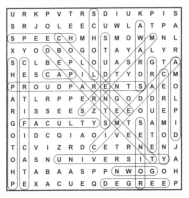

WORDSEARCH 96

WORDSEARCH 97

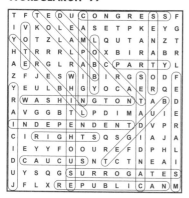

WORDSEARCH 98

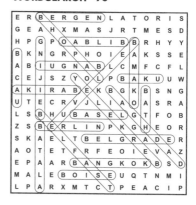

WORDSEARCH 99

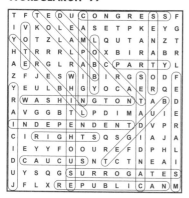

WORDSEARCH 100

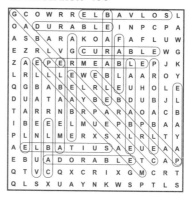

WORDSEARCH 101

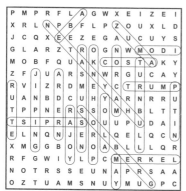

WORDSEARCH 102

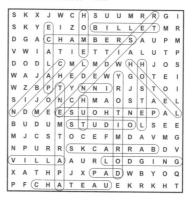

SOLUTIONS

WORDSEARCH 103

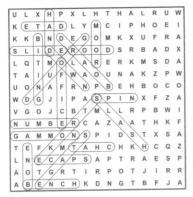

WORDSEARCH 104

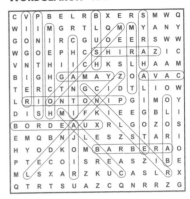

WORDSEARCH 105

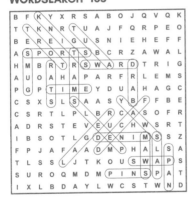

WORDSEARCH 106

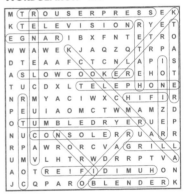

WORDSEARCH 107

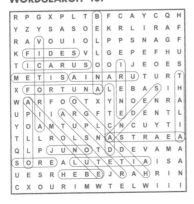

WORDSEARCH 108

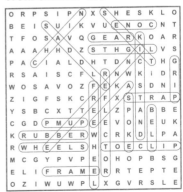

WORDSEARCH 109

WORDSEARCH 110

WORDSEARCH 111

WORDSEARCH 112

WORDSEARCH 113

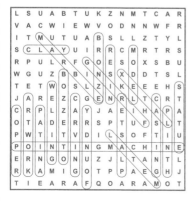

WORDSEARCH 114

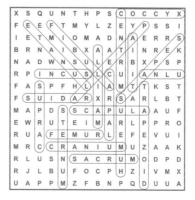

SOLUTIONS

WORDSEARCH 115

WORDSEARCH 116

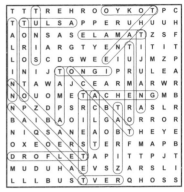

WORDSEARCH 117

WORDSEARCH 118

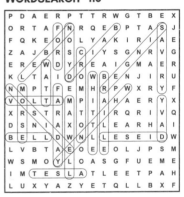

WORDSEARCH 119

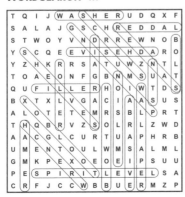

WORDSEARCH 120

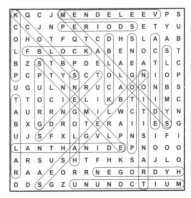

SOLUTIONS

WORDSEARCH 121

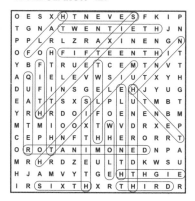

WORDSEARCH 122

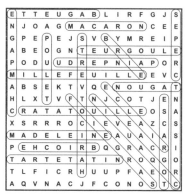

WORDSEARCH 123

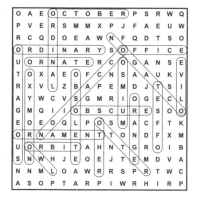

WORDSEARCH 124

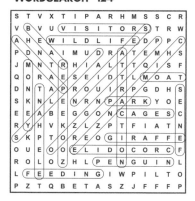

WORDSEARCH 125

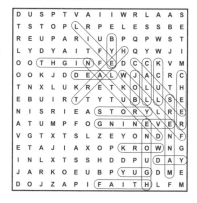

WORDSEARCH 126

SOLUTIONS

WORDSEARCH 127

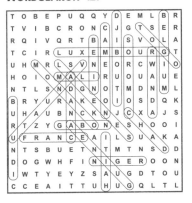

WORDSEARCH 128

WORDSEARCH 129

WORDSEARCH 130

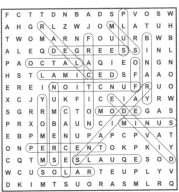

WORDSEARCH 131

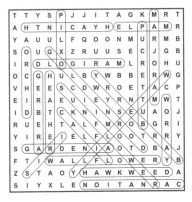

WORDSEARCH 132

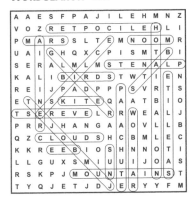

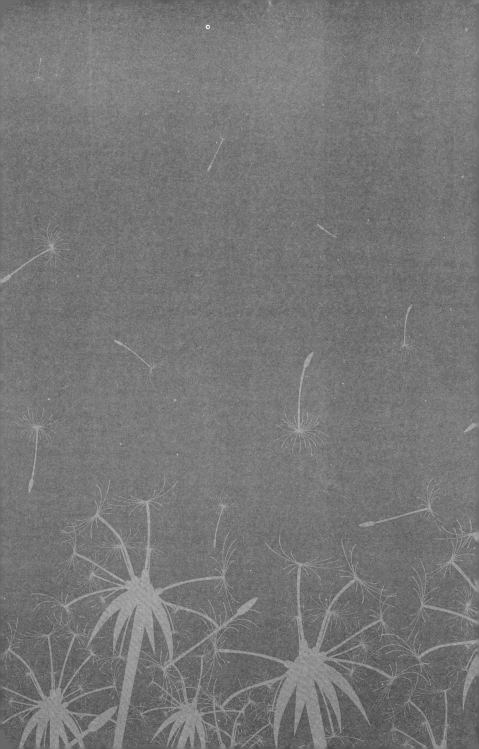